くまモン博士、カバさん

―蒲島郁夫、華の半生

福岡大学客員教授
かばしま政策研究塾塾頭
永野芳宣

熊本県知事

財界研究所

くまモン博士、カバさん

――蒲島郁夫、華の半生――

福岡大学客員教授
かばしま政策研究塾塾頭

永野 芳宣

はしがき

この本は、蒲島郁夫本人と筆者が二人三脚で書いたようなものである。

今や《くまモン》博士の異名を取る天下の熊本県知事だが、彼は幼年の頃から毎日のように新聞を読み、学校の図書館で世界中の小説や歴史や文学に接していた。その結果三つの夢をはぐくんだ。すなわち「牧場を経営してみたい」「政治家に成りたい」「小説を書きたい」という三つに、次第に夢が収斂していった。

その蒲島が若い頃から持ち続けた夢は、「牧場」という人間が自然と向き合う争いの無い世界、それを「政治家」というリーダーが生み出す。そしてそうしたことを、分かり易く「小説」という表現を使いながら、要するにストーリーとして後世に残したいという願望ではなかったろうか。

こうしてまず牧場は、高校卒業後アメリカへの農業研修で体験した。同時に、ハーバードで政治経済学の博士号を取得した彼は、大学教授を経て遂に熊本県知事という立派な政治家になった。

だが残りの一つは「小説を書く」ということだが、今のところ全く知事には時間的余裕が無い。蒲島郁夫の信条は、彼が常に発する「人間には無限の可能性がある」という言葉だ。英語で言えば「ヒューマン・ハブ・アンリミッテッド・ポシビリティー」ということになるだろう。子供の頃から溢れるように吸収してきた知識が基本にある。それを膨らませたのが、巨大でかつ変化して止まない場所、すなわち世界中から欲望の発露を求めてやってくる人たちを、受け入れる移民の国アメリカでの貴重な体験である。そこで、しっかりと人格を陶冶し能力を磨くことが出来た。彼は、最近安倍内閣が少数の有識者を集めて作った教育再生実行会議のメンバーの一人になった。教育の基本は「人間の可能性を信じ、夢を持たせること、夢を外に向かって拓くこと」というのが、蒲島知事のこの人の偉大な結論であり、それを会議でも主張して止まなかった。

確かに地球とは、人間が創っていくものだ。立派に創り上げるのは人間の無限の力であるが、下手をすると壊すのもまた人間の仕業である。壊しては成らない、より良く創り上げねば成らない。蒲島は、そう述べている。

彼は、これまでの六十六年間の人生を、本当に忙しく目標を決めて懸命に、より良いものを創り上げるために走り続けている。正に、華の人生の登り坂を、しっかりと汗を流しながら確実に登っている途中だ。

だから、その自らの経験を彼一流の生真面目さで、書き留めて小説にしたいのだろう。だが、時間が許してくれない。そこで、筆者の登場である。代筆のつもりで、懸命に書くことにした。もっとも下地の材料がすでにある。総合経済誌「財界」に、約一年半・三十五回に亘って蒲島知事を取り上げた随筆である。しかしそのままでは、面白くない。相当に脚色し直してみた。その結果、結局内容はドキュメンタリー風の物語なった。蒲島郁夫が望む小説では無い。やはり、私小説は本人にそのうち、腕を振るって書いて貰おう。

題して《くまモン博士カバさん》――要するに、熊本県民の幸福量最大化を求めて止まない蒲島郁夫の、人となりの歴史を改めて描いてみようと思った。

「ミスター・カバさん」とは、どういう人間か。それを描いてみる。カバさんには「アイク」という別の愛称がある。この言葉は、彼が二十代の時に経験したアメリカでの修業時代を通じて、教師や同僚たちから貰っていた素晴らしい愛称であった。だが、県知事に立候補した時、支援した若者たちが彼の似顔を描いて、カバ（河馬）に似ているなというので「カバさん」の愛称を付けた。（似顔絵は、知事立候補の時のビラ第一図参照）

実は、筆者も今から十六年前の初対面の時から同じ印象を感じていた。

尤も、彼は子供の頃は、「イク（郁）ちゃん」という愛称を周りから貰っていた。だから、この物語の一部にはしっかりと「イクちゃん」も登場する。
そのイクちゃんことアイクそしてカバさんも、すでに六年前県知事になった時が還暦であった。それからすでに六年経って、六十六才である。

戦前戦後の会社や役所の定年は、五十五才ぐらいだったから、当時の六十五、六才は確かにかなりの老人であった。だが今や、百歳に達してもなお元気なお年寄りが、たびたび紹介されたりする世の中だから、戦後の日本人の年寄りと比較すると、平均二十年は引く必要がある。そう考えると、六十六才の蒲島はまだ四十六才ということになる。だから、蒲島郁夫は漸く人生街道の半分ぐらいに差し掛かったところだろう。

冒頭に述べた《くまモン》だが、「これを『九州ブランド』にしてはどうか、すでに日本全土から中国にまで広まっているというのは、石原進九州JR会長の言葉だ。カバさんこと蒲島郁夫知事も「欧米にも広める」と本気で考え、遂に今年の七月パリやロンドンに登場した。要するに、《世界のくまモン》を夢見ている。熊本出身で、心から九州を愛する松尾新吾九州電力相談役も「その通り」という。筆者は、何時もカバさん知事

松尾新吾氏

石原進氏

自身から背広の襟に付けて貰った、「くまモンバッジ」が己のパフォーマンスのようになっているが、確かにどこへ行っても「くまモンですね」と、声を掛けられる。よって、これからは堂々と海外に行くときも「くまモンバッジ」を付けて行こう。

こうして、「蒲島郁夫の華の半生」を未来への期待を込めて、しっかりと語って見るつもりである。まだ、彼の道のりはおそらく半分だろう。だから、読者の方々がじっくり読んでいただければ、カバさんが目指している人生の道のりに、きっと勇気付けられ、あるいは自らの進路について、必ず何らかの新たなきっかけをお創りいただけるのではないかと思う。

さて、「くまモン」は、二期目の蒲島県政のマニフェストによれば、政治活動の取り組みにおける《四つの要諦》の中の一つ、「目標の政治」の具現化ということであり、後の三つ、すなわち「決断の政治」「対応の政治」「信頼の政治」を、きちんと進めようとしている。その道のりの中で、創られたブランド品である。この点を取り上げる必要があるので、第三部の「世界のくまモンへ」の最後に、それについて具体的に触れておくことにした。

ついでだが、この物語を進めるのに、主人公のカバさんの相方である筆者も俗称で登場するほうが良いだろうと、うちの上さんがアドバイスしてくれた。よって、筆者は（永野芳宣）こと「ホーセンさん（芳宣の音読み）」で登場させていただく。

なお著者ホーセンさんの肩書きに、「かばしま政策研究塾塾頭」とあるのは、カバさん知事から授かった「気楽に話し合える仲間」を時々集めてくれという意味の名誉ある名前だ。この研究会すなわち『塾』は、知事カバさんが休暇で上京した折などに集合して何時ものごとく、全員が知見を披露しカバさんがコメントするという仕組みの、正に材料を持ち寄る寺子屋である。例えば五百旗頭　真（現熊本県立大学理事長）、坂東真理子（現昭和女子大学学長）、小林良彰（現慶應義塾大学教授）、大川千寿（現神奈川大学教授）、芹川洋一（現日本経済新聞論説委員長）、川口文夫（現中部電力相談役）、熊谷一雄（元日立製作所副社長）、浅海伸夫（元読売新聞論説委員）、川野　毅（現ホテルニューオータニ監査役）、桝本晃章（現日本動力協会会長）、佐竹　誠（現海外電力調査会会長）、橋田紘一（現九電工会長）、亀崎英敏（現APEC日本ビジネス委員）、茂木賢三郎（現日本芸術財団理事長）、石原靖也（現東光石油会長）、三枝稔（ブロードリング現最高顧問）をはじめ、全国の蒲島郁夫を支援する仲間が集合する。

カバさんがホーセンさんに託している言葉は、「ずっと末永く塾を開いてね」という真剣な、そして暖かい言葉である。

二〇一三年十月吉日（書きはじめ、七月四日）

目次

第一部

カバさん、華の《くまモン》街道へ挑戦

第一章　二〇〇七年一二月二八日の電話

1・《くまモン》街道のはじまり

いま思えば、カバさんこと蒲島郁夫の華の街道への挑戦は、正にこの時から、始まったのだった。もちろん、「かたち」に現れたものは何も無かった。それにこの時を基点に、五年後には九州は熊本から全国に一大旋風が巻き起こるなどとは、誰も気付いた者は居なかったし予言者も居なかった。しかし、何と言っても《突然現れる》というのが、今もって考えてみると「《くまモン》博士、カバさん」の第一の伏線だった。

秘書の廣田順子が、黙ってコーヒーを炒れて持って来て、机の横にそっと置いて行った。夢中で、今日中に雑誌社にメールしなければ、年末のゲラに間に合わないと、東京から何度も催促が来ていた。

「今日中に、何とかすると連絡しておいてね……今日は、相当遅くなるけど、時間になったら先に帰っていいよ。雑誌社へのメールは、僕が自分で入れておくから」

こう述べて、原稿を作成するために、パソコンに向かおうとしていた時だった。けたたましく電話が鳴った。応対していた、廣田が「少々お待ち下さい」といって、電話機のへッドを片手で押さえて言った。

「東京大学の蒲島先生からですが、お繋ぎして宜しいですか？」

　秘書の問い掛けは、原稿を作る時間が無いと、先ほどからぶつぶつ言っていたのを知っているので、どうするかということだ。

　しかし相手がカバさん、それに突然何だろうと思ったので、とにかく繋いで貰ってすぐ電話に出た。

「もしもしホーセンさん、元気ですか」と、何時ものやわらかい、それにヒトなつっこいトーンの声がした。

「先生、しばらくです。お元気ですか。年末になって福岡は、すでに粉雪が舞っていますよ。東京はどうですか」

　そう述べると、東京も同じようなものだが、もちろん自分も元気ですとの応答があった。

「ところで、何かご用が……」というと、「明日も出勤していますか？　もし、事務所に居られるなら、ちょっと会いたいですが」

　ちょっと会いたいという話だが、何しろ年末である。それなのに、かなり急いでいる様子である。これは、ただごとでは無いと直感した。明日からは、官庁をはじめほとんどの企業が年末年始の休暇に入る。だから、当然休むつもりだった。それに、上さんから家の掃除を手伝うように言われており、事務所に出てくる予定は無かった。しかし、カバさんがわざわざやって来るというのである。上さんには、次の日にはきっと手伝うからと約束して、敢えて出勤しカバさんと久方振りにじっくり懇談することにした。

2・カバさんの蠢動

電話を切った後、思い付いて日本経済新聞の専務で今や著名な論説委員長の芹川洋一に電話を入れた。芹川は、ずっと以前からの知り合いだが、当時は大阪本社編集局長をしていた。

彼は熊本の出身であり、しかもカバさんの親戚であるから、動向は掴んでいるはずだ。だが編集局長だから、年末のこの時期は殊のほか忙しいはずだ。すぐに捕まえられるかどうかは分からない。しかし、思い切って携帯で掛けて見たら、運よくすぐに出た。いやー、しばらくとお互いに述べた後、「来年の選挙は、どうやら民主党に行きそうな様相ですね。いよいよ、二大政党の実現かもというところかな」と一方的に述べた。そして「何かあったの？」といった。

「カバさんが、明日こっちにわざわざ来るというけど」と話すと、彼が「やっぱり、そうか」と即座に述べた。

「というと……」

「熊本の知事選挙ですよ」

「やっぱり、カバさん出るの？」

「カバさんというのは？」

「あぁ、そうか。これは、僕が密かに付けた彼の渾名」

「なるほど、いいね。ところで、今度の熊本知事選は、すでに地元出身の元議員や高級官僚OB、それに県の部長などが、立候補を表明して固まっているから、無名のカバさんじゃー今さら無理。是非、止めたほうがよいと言って下さいよ」

彼の直感と、意見が電話口で長々と続いた。その上で、「良いお年を」といって携帯が切れた。

知事選挙に出るのかどうか、これについてはちょうど二ヶ月ほど前、カバさんを囲んで東京で懇談した時、すでに話が出ていた。会合は、彼を囲んだ十人ぐらいの気の置けない仲間たちの集まりだった。秋の名残が爽やかな十月中旬だったが、この日は何故か部屋の中は涼しさよりも熱の籠もった政治談議などで、上着を脱いでも汗が出るぐらいだった。

六年前のこの時ちょうど、カバさんは六十才。東大の定年は六十三才だが、彼はここで一区切りして来年からは、例えば大学院大学にでも移ろうかと思っていると話をした。その理由を、次のように説明した。

「僕は若い頃、ギボンが書いた《ローマ帝国衰亡史》を読んだことがある。分かったことは、一度組織が完成して長い歴史が続くと、自分がどんな状態に成っているか、例えばもう滅びようとしているのに、それが判らなくなるということです」

一端、切って続けた。

「東大も、長い歴史があり立派な大学です。ただ、その中にずっといると居心地が良くなって、周りが見え無くなる。だから、いったん外に出て見ようと思いました。そんなわけです」

カバさんが愛読したというギボンのローマ衰亡史は、ローマ滅亡の原因を主として外敵の侵入だと結論付けている。ところが、最近の解釈では、むしろ内部からの崩壊説が有力である。ローマ人としての誇りが必要ではなくなり、ローマ帝国が要らなくなったからではないかというのである。今日本人のアイデンティティが問われている。日本という国とその基にある地域社会に、愛着を持つ者が希少になっていけば、日本が滅亡しかねない。カバさんは、それを心配しているようだった。

しかしこの時カバさんは、ついでだがと前置きして、今までの話とは全く違うことを述べた。

「話がないわけでは無いが、来年熊本県知事選が行われるけど、選挙には全く興味が無い」と、わざわざカバさんが口にした。

すると出席者の何人かが「そりゃそうです。先生は、当代一流のわが国の政治学者ですよ。知事選挙など出られたら、先生の学者としての評価が無くなりますよ」と即座に述べた。芹川もその一人だった。

一人だけ大手メーカーの副社長熊谷一雄が、蒲島の知事立候補も面白いと賛成演説を打った。「これからは地方の時代ですよ。蒲島先生が出られるのも面白いかも・・・きっと話題になりますよ」といった。

だがこの賛成演説に対して、仲間のほとんどが「もしも選挙に出て惨敗したら、学者としての評価に傷が付く」という意見で応酬したので、カバさん立候補容認の熊谷演説は、完全にかき消されてしまった。もちろん、この時ホーセンさんも反対の立場だったことはいうまでもない。

カバさんも「先ほど述べたように、出馬するつもりなど無いし考えてもいない。みんなのご意見はありがたい。だが、熊谷さんの意見にも感謝します」と、敢えて述べていた。

皆が反対した本当の理由は、口にこそしなかったが「無名のカバさんが、当選するのはとても難しいのではないか」と、心から心配したためである。

芹川洋一氏（左）、熊谷一雄氏

蒲島知事と政策勉強塾仲間

蒲島知事と政策勉強塾仲間

ホーセンさんは、この《熊谷さんに感謝します》といったのが、何となく脳裏に残っていた。そして、以前何回か読んだことのあるマックス・ウエーバーの「職業としての政治」の中に出てきた「政治家は、つい本音を隠すために全く反対のことを述べたりする」という意味の言葉を、思い出してぼんやり考えていた。

カバさんは、プロの政治家のテクニックを何時頃から身に付けていたのだろうか。

３・知事立候補は、夢実現の手段

《ヒュー》と細く長く叫ぶ音に伴って時々、粉雪が何処からとも無く蒲島郁夫ことカバさんの後ろのほうから飛んでくる。五十畳ほどもありそうな、昔風の天井の高い部屋だ。暖房が先ほどまで入っていたが、夕方の六時を廻ったとたんに切れたようである。この部屋は、ホーセンさんの仕事部屋である。彼は幾つかの会社のアドバイザーやコンサルタントのようなことをしているが、同時に大学で教鞭も執っている。ここは、有力な或る会社がホーセンさんの事務室に提供してくれている。だから、割合立派に設備が整っていた。

この部屋には、冷暖房の自動切換え装置が付いてはいるが、ホーセンさんはまだ今年は一度も試したことが無かった。それに、この会社も二十八日が仕事収めであり今日から年末休業であるが、年内にやり残した仕事を終わらせるために休日出勤をする人もいるからだろうか、午後六時まで暖房入っていた。日勤の従業員は、今日から休みだが、昨日の東大教授蒲島郁夫ことカバさんからの電話で、ホーセンさんは午後から出勤してきていた。もちろん、秘書は来ていない。

部屋の温度計が、どんどん下がり出した。しかしカバさんは、とても元気だ。上着を、側の本が無造作に積み上げられたその上に放り出したまま、腕組みをしている。

対座しているホーセンさんのほうも、厚い上着の胸に両手を回すように腕組みをしているが、一瞬ブルッと震えるように体をゆすった。だが、カバさんのほうは身震いひとつしない。何時もの色白の血色のよい顔に、ほんの少し降りかかった粉雪を両手でこすり付けて、むしろ笑顔になったように見えた。

ホーセンさんが、天井の辺りを見回していた。漸く気が付いて立ち上がりながら「やっぱ、そうだったか」といった。《やっぱ》というのは、彼の出身地久留米を中心とした筑後地方の方言だ。

「やっぱ、寒か筈ですタイ」

粉雪の原因が分かったのである。廊下に面した、上窓の一枚がほんの僅かに開いていた。

ホーセンさんが、立ち上がり入り口のほうに歩いて行き、手を伸ばして窓をしっかり閉めた。外の雑音が遮断され、粉雪も入って来ない。そこで、部屋は深閑となった。

「先生、やっぱ熊本の県知事に立候補なさっとですか」

ホーセンさんが、念を押すようにその筑後弁で聞いた。

「はい、そうです。自分としては、決断しました」と、カバさんが言葉に「気力」を込めてはっきりと応えた。

そして、カバさんはさらに力強く付け加えた。

「熊本の人たちを、幸福にしたい。これから、私は故郷の人たちに懸命に尽くすことを、終生の仕事にしたいと考えました。だから、立候補します」

ホーセンさんが、タメ息を漏らした。カバさんとホーセンさんは、十七才ほども違うが、それまで長い付き合いの中で、東京大学法学部教授のカバさんのほうが矢張り、学問の上では正に師匠である。なぜなら、近頃漸く教壇に立つようになったホーセンさんに取っては、ハーバードで博士号を取って帰国し筑波大学を経て東大の教授に成り、教壇に立っているカバさんは、格が違う大先生なのである。

だから、ホーセンさんたちは、カバさんが東大教授の肩書きを棒に振って、当選するかどうかも分からない選挙に立候補をするのを、友人たちと共に反対してきていた。知事選挙の立候補を諦めるように、説得もしてきていた。

しかし、カバさんの意志はすでに決まっており固いようだ。むしろ、わざわざ年末に会いに来たのは、自らの決断を示すためであった。

福岡の電気ビル

博多を象徴する「博多祇園山笠」

立候補の公式表明の時期は一ヶ月後に迫っていた。カバさんは、この日十二月二十九日という年の暮れに、知人や友人の支援を得るためにやってきたのだった。カバさんは、後に自ら任命して熊本県庁の営業部長となり、突然思わぬところに現れて、びっくりさせる「ゆるキャラ《くまモン》」の行動同様に、この時すなわち二〇〇七年（平成十九年）の暮れから、次の年二〇〇八年（平成二十年）の正月に掛けて、多くの知人や友人たちに突然電話を掛けるなど奇襲攻撃を掛け、驚かせながらPR作戦を効果的に演出した。そこにも、くまモン博士への隠れた伏線があった。

こうして、結局年末年始を、カバさんは有効に熊本で過ごしたようである。

このことは、後ほど詳しく触れるが、結果はとにかく中央官庁の次官級の人物や国会議員を経験したような大物たち、それに民主党が公認した熊本県の前部長などを全て抑えて、突然現れた全く無名のカバさんがダントツ、次点の人物に何と二十万票の大差を付けて、当選するという快挙を成し遂げた。

まずはそのカバさんこと蒲島郁夫と、ホーセンさんとの出会いから物語を始めてみよう。

第二章　カバさんとの初対面

1．平成九年の銀杏の葉っぱ

事務室の目と鼻の先に、永田町の総理官邸の庭先がほんの少し見える。直線距離でいえば僅か百数十メートル程度である。距離は短いのだが、そこに近づくには大きなバリアがである。大変な試験と競争で選ばれた高級官僚、そして厳しい国民の投票によって選出された国会議員、それに彼らの身の回りを警護しセキュリティを保持してくれる警察官などしか普通は入れない場所だ。その場所のほんのごく一部に過ぎないが、毎日同じような光景であっても、何となく細かな動きが目の中に入ってくる。

今考えても、とても妙な話だが、風に吹かれて何処からとも無く銀杏の葉っぱが一枚、開け放っていた窓から飛んできて、ホーセンさんの机の上にピタリと落ちた。おそらく先ほどの官邸の庭樹からか、あるいはすぐ隣の日枝神社の小さな森から飛んできたのであろう。秋の季節ではあるが、銀杏の葉っぱはまだもちろん青かった。不思議だな、というぐらいの記憶がホーセンさんの脳裏に残っていた。

しかし何となく、それは葉っぱが黄色くなる前に急がなければいけないよ、ということを催促しているようだった。

だが、ますますグローバル化する世の中の流れが、日本人全体にはまだ見えていなかったようだ。それは、今までのやり方を本格的に変える。そのことを、まだ急ぐ必要があるとみんなが痛感していなかったからだ。

この点、後で段々に分かることになるが、これからのちホーセンさんが、極めて親しく付き合いだすことになるこの物語の主人公は、まるで古代の心霊術師のように、ずっと先まで全てを読み尽くしているようだった。だが、ホーセンさんは、その葉っぱを眺めながら、再び「青い葉っぱか……」とひとりごちで居た。そして「不思議だな」と、また口ごもった。

しかも秋の夕日が西に傾いた頃になると、この日はなぜか官邸への出入りが激しいようで、いやに大勢の警官が動く姿が、窓越しにちらちらと目に入っていた。後で分かったことだが、平成九年（一九九七年）九月二十二日のその日は、わが国の重要閣僚の入れ替えを総理大臣が行っていたのだった。日本人全体にはまだ見えない、何かの予兆のようなものだったろうか。

すなわち、一週間前に発足したばかりの第二次橋本龍太郎内閣、その主要閣僚の一人である総務長官には、ロッキード事件の有罪判決を受けているという佐藤孝行が就任していた。ところが、この閣僚人事は世論の猛烈な

東京・永田町の首相官邸

批判を受け、国会での野党の反発もひどく、重要議案の審議が滞ったままだった。影響の広がりを恐れた自民党は、人事の入れ替えを総理大臣に要請した。その結果の退任だった。後任には、小里貞利が就任する。

序に述べると、そのさらに一週間後の九月二十八日、具体的な予兆の一つが噴出した。世界的な株安の影響を受けて、東京株式市場で日経平均株価が一万六三一二円六九銭へ、すなわち七二五円六七銭の大暴落となった。最近アベノミクスで、株価が上げ潮といわれるが、十七年前のこの大暴落の水準までにはまだ達していない。

考えてみるとその頃から、間違いなく日本経済は下降しつつあった。蒲島ことカバさんというこの物語の主役が、われわれの前に現れたのは、そういう時期だった。

2・マスさんの不思議な依頼

その日の夕方、マスさんこと桝本晃章君が突然訪ねて来た。彼は、昔同じ会社に居たがホーセンさんよりも、七才ほど若い後輩である。若い頃から、広報マンとして活躍していた。とにかくでっぷり太って、これまた色白で血色が良い。政治家を目指していたのだろうか、なぜか大学は政治経済学部を出ているし、とにかくいろいろな人脈を持っている人物の一人だ。もちろん、よくしゃべるし昔からの論客だ。挨拶もそこそこで、ひとしきり天下の情勢を論じた後、突然畏まったように折り入って相談があるという。

「ほー、珍しいね。マスさんが折り入ってとは・・・」

そのマスさんが、述べた。

「先輩、この研究所ではいろいろな研究会とか、勉強会のようなことをやっているでしょう」

「もちろんそうだが、どれもそれぞれに目的が在って、ほとんど何処かの委託を受けてやっているから、それなりに年度初めに計画を立てているんですよ」

「そりゃー、いうまでもない話でしょうが」と前置きして、マスさんが次のように相談の中味を説明しはじめた。

「来年度からの話ですが、ちょっとユニークなというか一見変わった方だが、私の尊敬する立派な学者を先輩に紹介したいと思いましてね。こちらの研究会でこういうような人を、座長にして研究会をやってみませんか」

「こういう人というと……？」

ホーセンさんが、先ほど飛んできたまだに青い銀杏の葉っぱを、片手で弄びながら、どんな人だろうかという顔をした。最近では、研究所も先ほど述べた橋本内閣ビッグバンに関連した仕事も大方終わって、官庁からの研究委託も少なくなり予算が苦しなってきていた。むしろ次の年から二十ぐらいある研究会を二割ぐらいカットして十五、六ぐらいにしようと考えている。だから、研究会を新たに立ち上げることは、全く考えていなかった。

ついでだが、ホーセンさんは、その頃日本の経済界が戦後初めて、優秀な学者を育てるために建てた研究所の所長をしていた。

創ったのは、電力の鬼といわれた松永安左ヱ門である。すでに八十を過ぎていた安左ヱ門は、戦後いち早くアメリカを訪れた。この時、いろいろな場所を見学して廻った。同時に、沢山の人と会いながら考えていた。その目的の一つに、彼なりにどうして日本はアメリカに負けたのか、その理由を解明したいということがあった。なぜ、アメリカはわが国よりも奥が深く、あんなにもずっと日本よりも質量共に優れて強かったのか。それを、しきりに考えてみていた。もちろん持てる資源の違いがあるし、人材も豊富だろう。しかしそれだけだろうかと、安左ヱ門は真剣に考えていた。

疑問が解けたのは、産学協力の民間研究機関を訪れた時であったという。日本では、それまで研究機関に国家行政が関与しないようなものは、ほとんど考えたことが無かった。だが、アメリカでは、そうした純粋な産学協同の研究機関が、主として優秀な学者を育てる場所であり、同時に産業界の先端的技術とマネジメントを企画提案し構築することを真剣に行っているということだった。

松永は、それを知ったとき、目から鱗が落ちた感じだった。産学協力の研究機関が、世界に秀でる技術技能を次々に生み出していたし、国家政策のために政治行政を司る優秀なリーダーを生み出してきた。それが、強大なアメリカの軍事力をはじめ、合衆国経済が世界一流になれる強固な基盤にもなっている。産学協力の研究所の積極的活用が、安左ヱ門を身震いするほどに刺激した。

桝本晃章・現日本動力協会会長

松永は、このノウハウを持ち帰ったのだった。

同時に彼には、一つのこだわりがあった。戦前戦後の、電気事業を始め各種の産業改革に携わって来た松永が、最も苦心したのは、官僚社会への不信感であった。アメリカのように、国家をリードするのは、学者の智恵をも踏まえた産業の資金力とマネジメント能力である。その姿に、政治家は官僚を動員して協力する必要がある。同時にむしろ、官僚はこうした起業家の思いを踏まえ、国家と国民の立場に立って、政治をリードすべきなのに、わが国では全くそれが出来ていない。

世論に迎合する政治屋に味方して、逆に学者を利用している。松永は、そうした政治屋などと結び付いた官僚は、信用できないと述べていた。彼らを、産学の研究機関には入れてはならない、というのが松永の強い信念となっていた。

ホーセンさんが所長を勤める研究所は、その精神によって設立されていた。

それにしても、マスさんはなぜ突然、このような依頼をわざわざしに来たのだろうかと、ホーセンさんはそれが果たしてこの研究所の活動に、プラスになるかどうか分からない。そう思って、考え込んだ。

3・農協出身の東大教授に会ってみよう

ホーセンさんはこの研究所の所長になって、すでに五年以上が経っていた。だが、マスさんが持ってきたこの時の話ほど印象深く、そして研究のマネージャーとして良いことしたと、確信出来たことは、後にも先にも余り無かったと述懐している。

少し冷えてきたので、秘書がやって来て所長室の窓を閉めた。

「その先輩が手に持っている銀杏の葉っぱと、関係があるんだけど」と、マスさんが述べた。

「それって……銀杏の葉っぱといえば、じゃー東大の先生？」

「そう、ちょっと面白いと思うよ」

ホーセンさんが、うーんと唸って黙ってマスさんの顔を見詰めている。

マスさんが、催促するように口火を切った。

「これからの世の中で必要なのは、正しく政治をリードするような論理、それが要ると思いませんか」

《正しくね》、とホーセンさんは頭の中でその言葉を繰り返した。先ほどの、官邸の様子は、つい先ほど新聞の夕刊がトップ記事で伝えていたので、マスさんの話は、腑に落ちた。

「問題は、そういう人を育てるということ？　それとも、少し議論してみようというような話なの……ただ、うちは今予算がなくてね。少し来年度は絞ろうかと思っているんだよ」

ホーセンさんが漸くそう述べると、マスさんの反応は早かった。

「とにかく公正な世論形成に、重要な役割を果たす人材を発掘し、そういう人たちに議論して貰いたい。そのために、もし所長のホーセンさんが賛成して呉れるなら、そのユニークな人の研究講座に、うちから少し資金を提供させて貰っても良いです」

「ほうー、そこまでマスさんがいうのは、どんな人?また何か訳があるの」

するとマスさんが多少苦笑いをして述べた。

「実は、この先生なんですが」といって、写真の入ったプロフィルを取り出して、ホーセンさんに渡した。

付け加えて、次のような説明を内緒だけどといって話してくれた。ガッシリした温和な顔写真。履歴には、高卒で農協就職、渡米しハーバード大学の政治経済学で博士号取得とある。確かにニュニークである。

「すっかり、この人に惚れ込んだわけです。それに……」と言い難くそうだったが、思い切って述べるといった。

「実はこの先生がハーバードで博士号を取って日本に帰って来た時、著名な私立大学が就職を約束したということです。そこで、ご本人は住宅購入の契約までし、新学期に備えたそうです。ところが、最後に教授会が反対したというので、全てキャンセルになったわけです」

安田講堂

一端言葉を切って、マスさんは続けた。

「三人の子供を抱えたこの先生は、住宅の手付金を取られるやらで、一時路頭に迷ったというのです。立派な先生だから、断られた大学の名前は決して口にしないけど」

「まずは、その先生に一度会ってみてくれませんか」

マスさんは、そういって帰って行った。

ホーセンさんは、銀杏の葉っぱをもう一度手に取って、それをくるくる回しながら窓の外を眺めると、いつの間にかすでに夕暮れが迫っていた。官邸にも灯がともり、なお忙しく警官が動いていた。

4・初対面、ジーパン姿の東大教授

それから暫くして、ホーセンさんが銀杏並木を歩いていた。一ヵ月ほど経って、マスさんにお願いされた、名前を蒲島郁夫という法学部の教授を訪ねるためである。銀杏並木から、黄色い葉っぱがホーセンさんの顔に舞い落ちていた。

すでに、木枯らしが吹き始めている。赤門から入って、その銀杏並木沿いに正門の方向に歩くと、法学部の建物に近づく。だが、辺りはすでに暗くなっていた。

この辺だろうと、うろうろしていると、すぐ側から声が掛かった。

約束の時間に、教授が迎えに来てくれたのである。

それが、カバさんとホーセンさんの出会いであった。


「マスさん、いや桝本さんに先生を紹介されました」

「そうですか」

「はい、そうです」

「で、どういう話ですか?」

「はい……あのー、先生はどういうことを、マスさん、いや桝本さんからお聞きになっていますか」


要件を、具体的に話してあれば二度説明する必要は無いとホーセンさんは考えたのだ。

教授はこの時、自分の研究室ではなく、学生たちも入れる談話室のようなところに案内してくれていた。周りのテーブルでは、学生たちが一人で読書していたり、二、三人で話し合ったり、中には担当教官のような人に指導を受けている者も居た。フロアーは、ほとんど満杯だった。

良く見ると、蒲島教授はジーパンスタイルだった。作業服姿で黒いアスコットタイを首に巻いていた。論文作成に余念が無いのか、顔や顎に髭が伸びていた。

「いや、あなたにお会いして、何か勉強会のようなものを相談してはということでした」

「そうですか……先生にご相談して、日本のこれからの政治の方向性というようなことを、勉強してはと思いますが」

「どんな人が、居られるのですか？」

「いやそれは、先生に集めて貰うわけです」

するると、蒲島教授はちょっと考え込んだ後、質問した。

「集めるのは、学者だけですか」

「経営者と学者と考えては、どうでしょうか。お互いに啓発されるような場というか、サロンにしてはと思いますが」

また少々考えた先生が、「政治とかを議論するのだったら、マスコミも必要では？」

こうして、最初の出会いは意見交換で終わったが、良く考えて貰ってもう一度相談しようということになった。

赤門を出た時は、すっかり夜になっていた。ホーセンさんは、帰りの車の中で一瞬大丈夫かなと思ったりしていた。それから、あの人は何となく《カバ（河馬）》のようだなとも考えてみた。ただ外見と違って、ひょっとすると行動は機敏なのかも知れないと、好意的に思っても見た。

一言でいえば、マスさんに紹介された教授が、今まで付き合ってきたような学者と違って、茫洋とした印象だったからである。

第三章　政策研究会に、凄い連中が参加した

1・変身したカバさんの姿

それから、二人が間もなく再会したのは、二週間後のお昼だった。真っ青な青空は、気持ちが良かった。ホーセンさんは、蒲島郁夫というちょっと変わった《カバ》のような教授が、この二週間の間に何を考えまたどんな答えを出してくるか。その楽しみがあった。だが同時に、むしろ心配もあった。

ひょっとすると、「申し訳ないけど」と前置きして、とても授業等で忙しいからとか、自分にはそんな大役は難しいなどという理由を並べて、断られるかも知れない。

そう考えながらホーセンさんは、本郷の地下鉄を出て東京大学の赤門が見えてきた時から、急に胃が痛くなって来ていた。

ところがちょうど赤門の前に出た時、向こう側からどこかの労働組合のデモの列が、拡声器を付けた街宣車に先導されて大声を出しながらやってきた。ホーセンさんは、びっくりしながら赤門をくぐったので、いつの間にか胃の痛みを忘れていた。だが、暫くするとそれが戻ってきた。今日は、安田講堂の前で十二時に待ち合わせしようということになっていたので、胃の痛みを我慢しながら、五百メートルぐらい先に見えてきた講堂を目指して歩いていった。

ホーセンさんは、安田講堂の前に約束の七分前に到着した。まだちょっと早いかなと思いながら近づいて行くと、何と五十メートルも先で手を振って向こうからやってくる人がいる。立派なというより、正にばりっとしたダークスーツを着こなした人物である。ホーセンさんは、周りを見回した。おそらく自分に手を挙げているのではなく、別の人物に対してだろうと考えたが、他には偶然誰もいない。

学生らしき男女が数人急ぎ通り過ぎた。だが、彼らでは無い。とすると、自分にかなと改めて考え、さらに近づくとどうやらそれがカバさんこと蒲島教授であった。

二週間ほど前に初めて面談した時と、余りにも違っていた。「いやー、ようこそ。さー、昼ですからまず一緒に食事をしましょう」という話し方から、矍鑠とした動きから、そして堂々とした歩き方から、それぞれに全く違っていた。もちろん、着こなしたダークスーツそれにベージュ色のネクタイも立派だが、正にエクゼクティブ・ソサイエティの知的豊かさを彷彿させる姿が、そこにあった。《サプライズ》という言葉が、ホーセンさんの脳裏に浮かんだ。

動きも早い。声を掛け、握手をするとすでに安田講堂の前から、向かい側の新しい建物の方に早足で歩き出していた。このため、ホーセンさんはいわれたとおりに、黙って小走りになりながら慌てて付いて行くことにした。

大理石の大きなロビーのある建物、その二階に螺旋階段を上がっていくと、立派なラウンジがあった。すでに予約されていたと見えて、制服のボーイが先に立って案内してくれた。

ホーセンさんは、最近になってこの当時のことと《くまモン》のことを、結び付けて改めて思い出していた。

「《くまモン》が、日本国中そして海外にまでカバさん知事の「変身」のように、あっちこっちに突然現れるのは、蒲島郁夫という人物の特殊技能ではないだろうか」

2・日本のリーダーシップと人材育成

カバさんが、食事を取りながら話をしようと述べたが、果たしてこの間の研究会の話を前向きに受けてくれるのか、それとも断られるのか。ホーセンさんは、まずそれを知りたかったが、「相談は後で」という感じでカバさんがリードする。

今日の食事は、どういう献立か。また、その食材は何処から持ってくるか。実に気の置けない話をしてくれる。

「東大の食事もまんざらではないですよ」などと、内容の説明をして呉れる。正に、アメリカの大学で体得してきた食事のスタイルである。

最後のコーヒーが出る段になって、漸くカバさんがホーセンさんの研究所の規模とか、どのような研究活動を行っているか等質問をし始めた。こうしてホーセンさんが、「ところで」と切り出したところ、次のような答が返って来た。

「どうせやるなら、一流の人たちを集めましょう」というのである。

それから、「海外から著名な教授その他を呼んでも良いですか」などと質問が来た。

「いえ、そこまでは考えていませんが」と応えると、「まあー、それはそうでしょうね」と、簡単に引っ込めてくれた。

ホーセンさんは、カバさんがすでに、引き受けることを前提に質問してくるので内心ほっとしていた。そこで、敢えて逆に質問した。

「ところで先生、どういうテーマを考えて居られますか？」

すると、これも即座に反応してくれた。

「《これからの日本のリーダーシップと人材育成》、というのではどうでしょうか、少し考えてみました」

ホーセンさんは、なるほどと思った。これなら、研究報告も出来るだろうし、幅広く内外の政治問題も含めて議論も出来そうだ。やはりカバさんという人物は、決していい加減な人ではなく、きちんと考えてくれていたことが判って、すっかりホーセンさんは安心し、さらに彼が主宰する研究会をどうしても作らなければならないと思い始めていた。

「ところで、メンバーについてはどうしましょうか」

ホーセンさんが、これから持ち出そうとしたことを、逆に素早くカバさんが取り上げた。

「何か、先生の方にアイディアがありますか？　もちろん、前に申し上げたように、学者の方と経営者の方、それにこの前先生が言われたように、マスコミの方も入れたらと思いますね……具体的にお考えがありますか」

　頷づいた、カバさんが述べた。

「経営者の方は、私は分かりません。だから、その選択はあなたにお任せします。学者とマスコミは私も多少はわかりますが、特にこういう人というお知り合いとか、あるいは希望する方は居られますか」

　とても、謙虚な話であると思った。

「いや、私の方では先生のご専門に近い政治や外交を専門にしているような、学者の方はお付き合いがありません。マスコミの方についても同じです」

「そうですか……では、お任せ下さいますか」

「もちろん」と述べると、「なるだけ若い人も良いけど、権威者となると五十代から以上の人も必要ではないか思います」と、カバさんが述べる。

「経営者は、欧米と違って日本では、六十代前半ぐらいは若い方ですよ」とホーセンさんが話した。カバさんは、それを聞いて少し驚いたようだった。

「学者の方は、四十から五十才ぐらいだから、経営者もそれ相応の若い社長とかを入れて勉強出来ると良いですね」

「四十代はどうですかね……、五十代なら」と口ごもりながら、ホーセンさんが考えていた。

こうして、さらにこまごまとした例えば、何時から始めるか、場所は何処でやるか、どのくらいの頻度で行うかなどを話し合って分かれた。

3・凄い仲間の勉強会

赤門を出た時、ホーセンさんはすっかり嬉しくなっていた。つい先ほど、やってきて同じ場所を歩いていながら胃が痛くなった時とは、全く体調まで違っていた。赤門の前では、先ほどとはまた違った団体のデモ隊が、口々にシュプレッヒコールを叫びながら通り過ぎて行っていたが、先ほどのように鬱とおしいどころか、ほとんど気にならずデモの声を愉快な音色として嗅ぎ取っていた。なぜなら、気分が良くなったホーセンさんには、その声がむしろ自分たちへの一種の応援歌のようにも聞こえていたからだ。

それからさらに二週間が過ぎていたので、十一月の上旬だったと思うが、その日の朝九時ごろ、大学それも東大の教授から所長にだと交換手が述べた。ちょうど、会議を始めようとしていた時だったが、電話口に出てみるとカバさんからだった。その日の午後、ホーセンさんの研究所に、彼が訪ねてくるという。

断る理由は全く無いが、突然なので急ぎ時間を調整して、午後二時に来て貰うことにした。生憎、晩秋の冷たい雨が降り出していたが、午後には上がるというという予報だった。

幸いにも、カバさんが初めて永田町の研究所を訪問したのは、約束のちょうど午後二時だったが、雨は予報通りに上がってむしろがらりと、秋の暖かな日和になっていた。

2013年1月19日の『かばしば政策研究塾』のメンバー

ホーセンさんは、応接間でなく自分の部屋にカバさんを招き入れて懇談したが、驚いたのは彼が持ってきた名簿だった。何しろ凄い。

肩書きはその当時のものだが、神戸大学教授五百旗頭真、東大教授古城佳子、東大准教授谷口将紀、東大教授御厨貴、慶応大学教授小林良彰、東大教授北岡伸一、学習院大学教授村松岐夫といったわが国の超一流の政治学者や経済学の俊英がずらっと並んでいた。さらに、マスコミには朝日新聞の論説委員早野　透、読売新聞の論説委員浅野伸夫、そして日本経済新聞の政治部長芹川洋一という、いずれも一流紙の重鎮たちで、特に政治を専門にしている論客である。正に、これもまた《サプライズ》であった。

しかし、カバさんはむしろとても控え目に、次のように説明した。

「いかがでしょうか、出来るだけ現役でそれも、若手のホープが多いほうが良いと思って……こういうメンバーなら何とかなりますが？」

カバさんは、あくまで謙虚である。ホーセンさんは、内心これは凄いと感心した。だが、本当にこのようなメンバーをカバさんが、集めてくるだろうかということもあったが、それは口にはせずに淡々と述べた。

「なるほど、良いメンバーですね。これから、声を掛けられるのですか？」

すると、すぐに「大方参加するという返事を貰った方々ですよ」と、カバさんが殊も無げにいうではないか。それから、カバさんが口を開いて催促した。

「経営者の方は、もう決まりましたか」

実は、ホーセンさんの方は、カバさんがどんなメンバーを持ってくるかを見て、そのレベルに合わせて選ぼうと思っていたので、この時点では具体的には声を掛けて居なかった。

しかし、カバさんがすでにこれだけの凄いメンバーを選定して、研究会に入れるというなら、はっきりいって一流企業のトップを連れ出すしか無い。それを踏まえてホーセンさんが、心当たりの候補者を口にした。

「経営者も一流企業のトップを考えています。例えば、三菱商事の小島順彦副社長、中部電力の川口文夫社長、日立製作所の熊谷一雄副社長等ですが、もう二、三人加えます」

当然、カバさんを紹介してくれた東京電力の常務、マスさんこと桝本晃章には入って貰う。また逆にカバさんの紹介でキッコーマンの副社長、茂木賢三郎、さらに九州電力の常務、橋田紘一が入った。

この勉強会は、毎回メンバーの欠席者がほとんど無いぐらい盛り上がった。これも、座長であるカバさんの人格と、みんなを盛り上げるような彼の包容力に負うところが大きい。

第四章　大物座長カバさんの誕生

1・政治の停滞と勉強会の意義

東大教授の蒲島郁夫ことカバさんが、ホーセンさんに「これからの日本のリーダーシップと人材育成」というテーマで、権威者を集めて勉強しようということを、早々にやろうと逆に積極的に申し出てきたことと裏腹のように、正にこの当時わが国の政治経済は大きなショックを受け始めていた。カバさんは、すでにそれを見通しているかのようだった。

カバさんとホーセンさんとが、打ち合わせたのは十一月の上旬だったが、その約二週間後の十一月二十二日、山一證券が負債総額三兆円超を出して倒産し、廃業に追い込まれた。橋本内閣は、一層行革の徹底を打ち出し、不況克服を来年は最大の政治課題とすると発表した。

だが、翌年すなわち平成十年（一九九六）一月十二日から始まった通常国会では、大蔵省が財政の総貸出額六二四兆八千億円のうち、不良債権が十五％以上に当たる七十六兆七千億円になると発表するなど、日本経済のほころびが明確に抜き差しならぬ方向に動き出していた。しかしまだ国民の多くは、政府が何とかしてくれるだろうと考えることに慣れており、国会での議論も低調だった。

しかし先ほども述べたように、カバさんはすでに見通していたのだろう。こうした事態が生じるのは、結局はその危機の構造を明確に意識し、なすべきは何かをきっちりと行える政治家が必要である。要するに政治家のリーダーシップの不足、これが何としても問題だと心の中で考えていたので、研究会の開始が待ち遠しかった。

2・《くまモン》博士への伏線と導線〈その1〉

こうして、翌年の四月からほとんど一ヶ月半に一回のペース、すなわち年間八回は開こうということで始まった。カバさんの呼びかけ通りに、凄い学者とマスコミの論説委員、それに大企業の社長や副社長が毎回参集するようになった。

テーマとそれに沿った講師さえ決めておけば、議論のやり取りはまったくと言ってよいほど、ほとんど心配は要らない。カバさんの、議論は徹底して行うが、対立したまま解決策が無いやり方を好まないという考え方が、彼の言葉の使い方や表情から読み取れる。だから、議論はかえって活発になる。出席者の意見を最大限に尊重するカバさん流の研究会の進め方だった。これも、今考えて見ると、県民の幸福量の最大化を求めて止まない「くまモン博士」への、大きな伏線であり主要な導線だったのであろう。

当然のことながら、テーマは当面の政治経済の課題に結び付いたものを取り上げていった。

財政と税制の課題、不良債権の処理の仕方、デフレの克服と金融対策、そして欧米との外交のあり方などが、議題として順次取り上げられ、メンバー間の議論が活発に行われた。中には、なぜ汚職は後を経たないのかというような、コンプライアンスに係る課題も取り上げられた。

カバさんは、特に自分からリードするようなことは決していわない。それでいて、皆が上手に議論していく。この人は、とにかく「人の使い方が実に上手い」とホーセンさんは感心するのだった。

やがて時間になると、カバさんが述べる。

「良い議論が出来ましたね。しかし今日のような根本問題は、将来にもまた出てくると思うので、その時の解決へのキーを、少しは身に付けることが出来たのではないかと思う」

さらに「われわれは学者だから、勝手に気楽にしゃべっているけど、政治家はそうはいかないと思う。政治家は決めなくてはいけないから、責任が重いがそういうリーダーシップがとても重要だということです」という主旨のことを、必ずカバさんは述べていた。

ホーセンさんは、カバさんのこうした座長としての采配振りを見ていて、凄い大物座長が誕生したものだと、感心するのだった。

蝉の声が賑やかである。

カバさんとは、つい先週熊本県庁を訪れて会って来たばかりである。今年の初夏の頃だった。あの知事室というよりは、もっと大きな夢が一杯たまっているような部屋で懇談した。

この時のことで、ホーセンさんがただ一つだけ特に強く印象に残ったものがあった。それは「政治家は無欲になって、決断することが最も必要だ」と知事のカバさんか述べていた言葉である。事務所の部屋で蝉の声を聞きながら、その言葉を昔の研究会の座長だった時に彼が述べていた姿と重ね合わせるようにして、改めて思い出していた。

3・くまモン博士への伏線と導線〈その2〉

ここは、福岡空港のすぐ近くにあるイワキビルの事務所である。もう三十年ぐらい前から、ホーセンさんの面倒を何かと見てきた、日本橋に本社がある創業百年の独立系商社のオーナー岩城修さんが、提供してくれている。ここには、修さん親子が造ってくれた書庫もある。まだ僅かだが、少なくとも一万冊ぐらいはあるだろう。

厳しい世の中なので、最近はホーセンさんの東京の事務所は正興電機製作所のオーナー土屋直知さんにお世話になっている。それに秘書の廣田順子は、富山の立山科学グループ

イワキ・岩城修社長

立山科学グループ・水口昭一郎
会長とカバさん

正興電機製作所・土屋
直知会長

のオーナー水口昭一郎さんが、分担して面倒を見てくれている。その他にもいろいろな人が支援してくれているから、ホーセンさんはようやく大学の研究者としての活動が出来る。彼は毎日多くの人たちに感謝しながら、一層役に立つ仕事をしなくては成らないと誓っている。

誓うといっても、何か無いと困る。事務所の机の真後ろに、すでに四十年ぐらい前に貰った土光敏夫からの「日新　日日新」と書いた扁額が掛かっている。ホーセンさんは、最近出勤すると毎朝それを見て黙礼しながら、誓いを新たにするようになった。

そうした事務所の一角で、ハタと蝉の声が止んだ。

いや、止んだのではなくホーセンさんの頭の中に、或ることが突然甦って来たからだ。

「そうだったなあ」と、唸り声のような大きな声を出したので、すぐ近くで仕事中の廣田順子がびっくりして、慌てて「何か……」といった。

「いやどうも済まない。独り言だ」

ホーセンさんが思い出したのは、十年以上前のカバさんこと蒲島郁夫東大教授が座長になって、凄い政治学者やマスコミの論説委員、それに企業の経営者等を集めて行って居た「日本のリーダーシップと人材教育」という勉強会のことである。

それも、そのカバさんの亡羊としているように見えて実はそうではなく、しっかりとあの時から今の《くまモン》博士になるための栄養を吸収していた姿を思い出したのだった。

後に防衛大学校校長となり、二年前に起きた東日本大震災の政府復興会議議長を務めることになる、当時は神戸大学法学部教授の五百旗頭真が、日米の防衛協力と外交問題をレクチャーする。この人は、最近文化功労者にもなった。五百期頭教授は後に出て来る通りハーバード時代からの戦友だった。

ハーバード時代からの戦友、
五百旗頭真氏

この五百期旗教授の講義の時、メンバーの一人が「時代の変化を見れば、中国をもっと重視すべし」と発言する。すると五百旗頭が、「その通りだが、しかしそのためにも日米の絆を重要視すべし」「そういう、明確な決断が必要である」と発言すると、カバさんが大きく黙って頷いたのを、ホーセンさんは明確に覚えている。

また次いで一ヵ月半後には、当時日本経済新聞の芹川洋一が「政治は数と数字」という主旨のレクチャーをした。芹川は、その後編集局次長を経て大阪本社の編集局長になり、さらに東京に戻って電子媒体部門の局長をした後、つい最近だが、専務執行役員論説委員長を務めている。だが当時は、まだ政治部長だった。

その芹川の持論は、政治のリーダーシップのためには、議院内閣制を取るわが国の憲法の基では、何といっても政権与党になるには、国会議員の数が重要であること。また、その政権に対する支持率すなわち世論調査の結果において、政党支持率と内閣支持率を足した数字が《五〇》を切ったら、その政権は潰れるという定義である。

この時期の世論調査で橋本龍太郎第二次内閣は確かに、芹川のいう数字が五〇を切るところまで行っていた。いみじくも、われわれがこうした議論をしていた時から正に数カ月後になるが、芹川が予言して通りのことが起きた。

すなわち、七月十二日に行われた参議院選挙で橋本首相率いる自民党が惨敗。ネジレが始まった。小渕恵三外務大臣が首相に代わり、財政の建て直しを期待して宮沢喜一が大蔵大臣になる内閣改造が行われた。

そういう状況下だったので彼が説明を終えると、俄かに手が挙がった。「それは、実証的データとしては分かるが、マスコミの誘導の方が問題ではないか」と述べたのは、経営者の一人だった。「話は分かるが、これは世論調査の結果を見て述べている。誘導とかとは関係ありませんよ」と、芹川が反論する。

今度は、教授の一人が述べた。「過去の例を調べると、低くなった状況を睨んで内閣改造を行ったら、支持率が回復した例もありますね」

「それは確かにありますが、基本的には政権交代の時期に来ているということだと思いますよ」

「政治は、水もの魔物……、やってみないと分かりませんね。蒲島先生がご主張されている《バッファ・プレイヤー》、すなわち振り子の原理ということもありますからね」

経営者の一人が、突然そう述べた。すると、みんなが座長の方を注目した。今まで黙って議論を聞いていたカバさんが、苦笑いをしながら自分の手で後ろ髪を掻き揚げる仕草をした後、口を挟んだ。

「バッファ・プレイヤーは、余りにどこかの政党が強すぎると、逆にマイナーの人たちに対する同情心が世論として出て来るということだが、むしろそれは選挙になってからの世論調査の結果についてことであって、ここでの芹川理論とは関係は無いでしょう」

そして、カバさんは、次のように短く意見を述べた。

「ついでにいえば、なぜ支持率がそれほどまでに落ちるのかという、その原因を突き詰めること、その原因への対応策を考えることが重要では無いでしょうか」

このカバさんこと座長の言葉を踏まえて、今度は橋本第二次内閣の問題点や課題が種々議論となったが、相変わらずカバさんはそれに、じっと耳を傾けていた。

さらに今度は、熊谷一雄が発言した。熊谷は、当時日立製作所の筆頭副社長だったが、その後三つほどある日立の研究財団の理事長になり、外務省の海外交流審議会の議長を務め、同時に東洋大学理事会の理事等も熱心に勤めている。

「私は長年企業の立場から、政治家ないし政治とは公正に付き合ってきた。その反省の上で一言述べると、日本の政治は世論の動向というかポピュリズムを気にし過ぎると思う。政治家は本当のことをいうと、票に響くと思っている。だから、はっきり言（モノ）をい

左から蒲島知事夫妻とホーセンさんと五百旗頭先生

わない。だが、少なくともこれからは自分たちの信念をきちんと述べることが、結局責任ある政治には必要では無いか」

実に良いことを、熊谷が述べた。座長のカバさんは、頷きながらじっと耳を傾けていたが、一言だけポツリと「言葉の重みですね」といった。だが、みんなが勝手に意見を述べ始めた。

「その通りだが、それがなかなか出来ない」「やっぱり、それはマスコミの責任ではないのか」などと、喧々諤々の意見が出てきた。

だが、カバさんは何も言わずに、そうした議論を聞いていた。ホーセンさんは、その姿を印象深く思い出していた。

しかし、カバさんこと蒲島郁夫が熊本県知事になってからの行動を見ていると、実はすでに十年以上前のあの時から、つまり政治家カバさんが誕生する数年前のあの頃から、彼は自分が近い将来わが国の政治のリーダーとして、その一角を背負うための基礎知識を、彼の頭脳の中に改めて充電し始めていたように思う。

先ほど秘書の廣田順子がびっくりするような、「そうだったなー」などという声を出した時、ホーセンさんが思い出したのはそのことだった。

第五章　《プロアクティブ》こそ、カバさんの真価

１・カバさんの先を読む特殊能力

「プロアクティブ（Proactive）」という言葉がある。

アメリカの著名な経営コンサルタント《ステファン・R・コーベイ》という人物が書いた「有能な人材が保有する七つの規則（The 7 habits of highly effective people）」という、経営戦略の本にこの言葉が使われている。辞典を見ると、「先を見越して行動を取る」と書いてある。このことこそ、カバさんこと熊本県知事蒲島郁夫が子供の頃から、しっかりと身に付けてきた天才的な才能といっても良いのではなかろうか。しかも、その行動の取り方が稚拙であっては成功しない。

なぜなら、これから先に起きるであろうと思われる事態や状況は、現実に今起きていることとは、直接関係無いように思われることが多いのが、普通だからである。いくら天才的才能が在って、先を見越していたとしても、そのことをダイレクトに求めてみたところで、みんなの賛成は得られないだろう。また、大きな世界的事件等の影響で、想定は狂うこともある。そういうリスクも考えなければならない。

もちろんそうした変化をも踏まえて、なお変わらぬ方向性を見出すことこそ重要であろう。

さてホーセンさんは、こうしたカバさんの当時の大物座長振りを、振り返えると、彼がすでに自らの行くべき方向性、すなわち「学者から政治家への転進」をある程度見越して、勉強会メンバーの種々の意見を聞き、また議論の中から参考にすべき課題を汲み取っていたように思われる。

一つだけはっきりいえるのは、すでに述べたことではあるが《サプライズ》を、体現するカバさんの身上である。

例えば、農協に就職したカバさんが、突然農業研修生として渡米したいと述べ、家族を驚かせたこと。そして、留学した先のネブラスカ大学農学部を、優秀な成績で卒業した時、またもや突然に今度はハーバード大学に行って、政治学を勉強したいと述べて、回りの人たちを驚かせたという《サプライズ》があったことである。カバさんには、そういう習性があるという微かな理屈は成り立つ。

しかしそのほかには、明確な証拠はもちろん無い。といって、本人に確認してもおそらく「そうだ」とはいわないだろう。しかし、何か証拠立てるものがあるだろう。そう思って、ホーセンさんがいろいろ探しているうちに、面白い資料が見付かった。

　ホーセンさんが住んでいる福岡のことだが、二年前に鹿児島までの新幹線が開通した。このため、新たに改装してとても立派になったのがJR博多駅である。そこは、少し大げさに一言でいうなら、九州文化の塊のような場所になった。その中に、丸善書店がある。さらに、駅ビルの中には、紀伊国屋書店も入っている。もちろん、天神の中心街にも、西日本一体では一番大きい書店といわれるジュンク堂がある。どちらかに行けば、大概の欲しい読み物は見付かる。

片山善博・現慶應義塾大学教授

　ホーセンさんが、かなり時間は掛かったが漸くそこで見付けたのが、自治省の官僚から鳥取県知事に成り、さらに総務大臣を務めて慶応義塾大学法学部で教鞭を取っている、片山善博教授が著した『日本を診る』（岩波書店）という本があった。この本の中に、カバさんとの対談記事が出ている。そこに、証拠になるヒントがあった。

２・学者から知事になったカバさんの本領

語り掛けのポイントは、学者から知事という政治家になったカバさんこと蒲島郁夫と、逆に官僚出身で知事という政治家から学者になった片山善博との、価値観や政治への対応の仕方の違いという点である。対談の時点は、カバさんが知事になって一年九ヶ月ほどが経った時期だったと書いてあった。

ここでカバさんは、知事すなわち政治家になって初めて、「政治家は全て百%他人のために働き、自ら責任を持って物事を決断していく」という、厳しさがあることを実感していると述べている。一方大学の教授すなわち学者時代は、「学者は基本的に自分のために仕事をしている部分が九〇%だから」すごく楽だった。責任の取り方が、全く違うというのである。

カバさんは、述べている。知事という仕事は全く気楽では無い。迷って何も決めないのが一番良く無い。迷わず決めること、それによって全体が動く。もちろん、結果の責任は全部自らに掛かってくるというのである。

一方逆に片山教授は、今漸く知事や大臣という政治の世界から、決断しなくても良い個人の自由に任される立場になったというのだ。

繰り返しになるが、カバさんが勉強会の座長をしながら、「リーダーシップ」とは何かについて、じっくり充電していたことが、実に良く分かった。

例えば、五百旗頭真教授が「日米の信頼関係の絆の重要性を強調すべし」といった時のこと。また、芹川洋一部長の数と支持率のレクチャーに関連して「支持率が悪化する原因をきちんと突き止め、それを如何に改善していくかの究明が重要」とカバさん自身が述べていたこと。さらに、熊谷一雄日立の副社長が、「政治家は信念を持って、いうべきことをきちんと述べるべし」といっていたこと。それに、あの時カバさんが、ポツリと「言葉の重み、それが大切ですね」と述べたこと。

あの頃からカバさんの知事という政治家への転進までの時間は、おそらく三年以上は経っているが、すでにこうした状況を振り返って見ると、彼は正に新たな道を懸命に登るために、しっかりと充電していた証拠が見付かったというわけである。

3・他人を怒鳴ったことの無いカバさん

上述の片山善博教授の中に出てくるカバさんとの対談集の中で、特にこの人の品格と知性を象徴するような話が幾つか出てくるが、その中から二つだけ取り上げて見よう。

一つは、「パートナーへの徹底した配慮」という点である。もう一つは、行き詰ったときの「先を読む価値選択」の必要性ということである。

第一のパートナーへの配慮だが、ここにカバさんの品格についての、面目躍如たる事実が述べられている。

「私は、一度も妻を叱ったことがありません。もちろん、部下に対しても決して怒ったことは無い」という件である。奥さんも、そして県庁の職員全てが、知事という政治家の良きパートナーである。さらに同時に、上は住民から選ばれた県会議員から、下は全熊本県民全てがパートナーとカバさん知事は考えている。相手を、叱り付けてはいけないという彼の信条とそして品格がそこにある。

確かにホーセンさんはカバさんに密着して、二日間ほど仕事振りをじっくりと拝見させて貰ったが、カバさんの指示通りに成っていなかったこともあった。だが、カバさんは全く怒らない。叱りつけたりもしない。ただその代わりに言うことが一つある。

「出来ないと言わないでください……目標や目的が正しいことであって、地域住民すなわち県民のために必要なことなら、どんなことでも工夫をすれば何とかなるはずだ」という。

素晴らしいカバさんの品格と知性を現す内容である。それを、しっかりと実践しているから凄い。

先ほどの、片山教授のカバさんとの対談を読みながら、ホーセンさんは胸に手を当てて大いに反省してみた。

ホーセンさんは、どちらかというと対等な関係のものや上司というか上のものとは、若い頃から喧嘩をして来た。特に仕事の上で、理不尽なことに遭遇すると、決まって反発した。正義の反発ということで、職場の仲間からは大いに喝采され支持されていた。だが、上司からの評判は良くなかった。恥ずかしいながら、その事例を一つ挙げてみよう。

ホーセンさんが、間もなく三十才になろうとするころ、すなわちすでに五十年以上の前の話だが、漸く父親の許しを得て結婚することになった。昔の話だから、必ず仲介すなわち媒酌人が要る。その会社では、こういう場合は職場の上司に依頼するのが普通だった。

そこで早速、N課長に気楽にお願いした。

「残念だけど、君だけはご遠慮するね……理由?判ってないね、君は何時も僕を苛めてきたからだよ、お断りだな」

考えてみると、課長以下四十人ぐらいいるその課の中で、まだ主任にもなっていない入社七年目、現場から転勤して来たばかりの若造は、上述のように職場の人気者だった。正義感に燃え、イエスマンのみんなの期待を背負っているという自負心から、しょっちゅう課長に食って掛かった。

《課長そんな前例は、いま時意味が無いですよ》《今度は前例が無いので、決済出来ないなって可笑しいですよ》《大体こんなくだらないことを、部長から請け負ってくるのが間違いです。そう部長に突っ返してください》《何でこんな手の込んだ仕事をするんですか。課長が自分で直接役所に出かけて行って掛け合えば……代わりに行ってきましょうか》などと、仲間を代表して爆弾を落としていたからである。

この媒酌人の件は、とうとう部長に話したら言われた。

「君、少しは遠慮しろよ。課長が何時も泣いているよ」

すみませんと頭を下げたところ、「しかし部下から、しょっちゅう突き上げられるようでは……分かった、俺がやってやる」ということで、課長を飛び越えて部長殿が目出度く媒酌人を勤めてくれた。だが、N課長はとうとう披露宴に来てくれなかったし、残念ながら間もなく他へ転勤して行った。

但し、ホーセンさんも、管理職になってからは相当に丸くなった。もちろん最近は上さんには、決して逆らわない。

一方カバさんは、若い頃から決して対立は好まない性格であった。相手を傷つけることなく、実に上手に物事を解決していく。やはり、カバさんは根っからの人格者なのである。

カバさんのことを書いていて、今思い出すのはホーセンさんが長年仕えた平岩外四である。最後は、天皇陛下の参与も務めた元日本経団連会長の平岩は、カバさんの同じく、一度も他人と口論したり部下や他人を叱り付けたりしたのを、全く見たことが無かった。

だから、本当は怒られるようなことをしても、懐の大きい平岩がぐっと飲み込んで呉れたと思い、罵倒された以上に恐縮してしまう。そういう情景を、ホーセンさんは何回も見てきた。もちろん、それに気が付かない人も居る。ホーセンさんが、長い経験で一つだけ発見したことがあった。それは、平岩が本当に怒った時は、無口になるという

仏へ出張中、書店にたち寄った平岩外四氏

在りし日の平岩外四氏（左）とホーセンさん

ことである。そのことに気付いたのは、相当経ってからだった。

そういえば、あのすべてのものを抱擁してくれるような、懐の深さを湛えた平岩外四の容貌も何となく「カバさん」に似ていたような気がして、ホーセンさんは手元にあった海外出張中の一枚の写真を、懐かしく眺めていた。

4・先を読み、素早く決断は、政治の基本

もう一つ、先ほどの対談集の中で、カバさんの品格に結び付く重要なことがある。

それは、物事が行き詰まった時の価値選択に関する「決断」ということに付いてである。

この点についてカバさんは、川辺川ダム建設中止の判断をした時の事例を引きながら、「熊本県民の幸福量の最大化とは何か」を解くため、迷いに迷ったと述べている。そして、素早く決断した。

この問題は、知事に当選してすぐに実行するとマニフェストで宣言した三大未解決事項の一つであった。

建設を始めて何と四十年間が経っていても、最後のダム設置を決定出来ずに放置されてきた、国家的な未解決重要案件の一つであった。

こうした課題を解決しなければ、県知事になった意味は無いと考えたカバさんは、就任早々この問題の解決に取り掛かった。当然だが、まず過去の計画やその実施状況を調べ、それを頭に叩き込んだ。次いで、川辺川の水域とその河川水が影響を及ぼすといわれる、地元住民の意見を丹念に聴取して廻った。その上で、今度はわが国の技術と経済等多方面の最高の知見を結集するために、専門家の委員会を急遽立ち上げた。それこそカバさんが、東京大学などで学者として活動した多彩な人脈が大いに役立った。もちろんそうしたことが素早く出来たのは、日頃からの彼の品格ある、多くの人たちとの交流活動が在ってのことだ。カバさんの、正に面目躍如たる事例の一つである。

建設を中止した川辺ダム．

川辺ダム・有識者会議にて

しかも彼は、その内容を公開すると同時に自ら早々に決断することにした。とにかく、スピードが必要かつ重要な世の中である。

早期の判断が、必要だとカバさんは考えた。こうして四十年前のダムによる「治水対策の時代」から、今では「河川の自然を守る運用活水対策の時代」に県民全体の意思が変化していることを、先ほど述べた地元の人たちの綿密な聞き取りで、カバさんは認識していたからだ。

しかも最後には理屈では判っても、なお彼の肌で納得するため、カバさんは現場を何度も見に行った。そして、その現場で何度も瞑目して考え、とうとう自ら迷いを解いた。

こうして慎重に手順を踏んで、白紙撤回という決断をした。議会での声明文は、これまた何度も何度も筆を自らと信頼する部下数人とだけで作成した。

《言葉の重み》を、この時ほど感じたことは無いと、カバさんは語っている。

湖底に沈むことを覚悟して五木村から出て行った人たちへの支援と、ダムによらない治水対策の徹底追及を国に要望した。

第六章　月給二十四万円の知事誕生―未解決問題への挑戦

１・全くの無名、ヒトの輪で知事選に挑戦

冒頭に述べたように、東京に長く居た学者のカバさんは、元々は阿蘇外輪山の山裾に連なる豊かな農村地帯で生まれ、地元の小中学校と高校を卒業して、農協にも勤めていたという、レッキとした熊本の出身者である。だが、その後残念ながら地元にはずっと居なかった。だから、肝心の政治や行政に繋がる人脈は、ほとんど無かったといってもよい。地元地域社会の長い伝統と仕来りについては、ほとんど知らなかったといっても良いだろう。しかし、逆に言えば知事選挙に立候補するに当たって、利害関係に基づくしがらみのようなものが全くというほど無かったことが、かえって幸運だったのかも知れない。

選挙の当時、正直言って日本全体も地方社会も、リーマン・ショック直前の経済停滞で疲弊し、混乱が続いていた。自民党に代わり政権を取りそうな民主党は、マニフェストで教科書・高速道路などの無料化無償化や、大幅な各種サービスの国庫負担など、国民大衆受けのする政策を次々に打ち出す一方、地方財政を含め財源確保のための、行政の緊縮化徹底を行う方針を積極展開しつつあった。

そのような状況下、カバさんの立候補に対し、民主党が支持を打ち出してきた。同じころ自民党県連もカバさんに立候補を打診してきた。自民党は民主党と同時推薦でも結構ですとも言ってくれた。ところが、小沢一郎裁定に引っ掛かった。この人の方針は、相乗りは認めないということだった。こうしてカバさんは、止む無く有力政党の推薦を全て諦めた。そして、無所属で立候補することにした。言って見れば、県民党すなわち県民全体を平等に背負っているという気持ちで立候補した。ただ、自民党県連は公認候補以上の支援を約束し、実行した。

選挙運動中のカバさん

対立候補は四人。従来から地元にしっかりと結び付いた有力候補たちである。

これに対して、カバさんは自民党の強力な支援とともに、鹿本高校の同窓会、海外農業研修生の組織である国際農友会、農協組織、県民クラブ、市民グループ、地元山鹿市民の草の根の輪を作り上げた。

2・マニフェストで学者知事の新鮮さ訴え

問題は、マニフェストである。

最近は余りマニフェストということは言わなくなった。ところが、カバさんこと蒲島郁夫が六年前知事に立候補したころは、やたらとマニフェストということが重視された。この言葉の語源が、かつてソビエット連邦を樹立した時の指導者である、レーニンの「共産党宣言」の代名詞であることなど全く考えずに、党の綱領をも持たない民主党の党首鳩山由紀夫が、華々しく国民への約束事とし持ち出したのが始まりである。

よって、当時は、民主党の天下に間もなくなりそうな時期だったためか、政治の執行だけでなくあらゆることに、マニフェストという言葉が使われ出していた。

手元に、平成二十年（二〇〇八）三月二十三日執行の熊本県選挙管理委員会が承認した、「かばしま郁夫」の熊本県知事選挙のための選挙運動用ビラがある。

当時選挙期間中に、カバさんの選挙事務所を何度か激励に訪れた。その時手にしたビラを一枚、ホーセンさんは大事に保管していた。

今六年ぶりに取り出してみた。何とも実に立派なものだ。（第1図と第2図を参照）

それを、以下示して見ようと思ったのは、カバさんほど自分が立候補の時に掲げた県民への約束事を忠実に実行している人はいないのではないかと思ったからだ。

まず図に示したように、鮮やかなカラーのＡ４版で刷られた一枚紙。表はカバさんの似顔絵の横に「熊本の可能性、無限大。くまもと再生４カ年計画」と謳い、それを実現するため１８２万人の熊本県民に、「カバシマ郁夫の決意」が次のように述べられている。
※　熊本は大きな可能性を秘めたまま眠っています。眠りを覚まし、大きな可能性を引き出すために、私は立候補しました。優れた人材、豊富な資源、安い土地、良い気候、海・山・温泉・食べ物全て一級品。
※　お役所仕事は終わりました。現状を打破し、県民の総力を結集して躍動し飛躍する熊本にするため、私は全ての力を発揮します。
※　県民代表、経済界、大学、議会、行政が同じテーブルで熊本の夢を実現するため頑張ります。
目指すは「注目」が集まり、「ヒト」が集まり「豊かさ」が集まる熊本県です。何処に住んでいても幸せを感じ、安心して暮らせる熊本県➡それが私の目標です。
※一刻も早く未解決課題の解決に取り組みます。
以上のように、分かり易くいわゆるマニフェストを実現する総論が取り上げられている。

その一枚のパンフレットの裏には、正に「かばしま郁夫のローカルマニフェスト」と銘打って、三つの大項目と十一のテーマが掲げられていた。

《Ⅰ》目覚めよ！熊本　今すぐ取り組む緊急課題

〔1〕待ったなし！行財政改革に真っ先に取組みます

①速やかに策定「財政再建戦略」

②「知事の月給100万円カット」！これが出発点

③県職員の協力を求めます

④限りある財源を、県民全体の幸福のために

⑤くまもと型公共事業改革で優先順位見直し

⑥熊本県版「埋蔵金」の発掘

⑦士気を高める意識改革・組織改革

〔2〕川辺川ダム問題に関する態度表明

＊就任半年後の九月県議会で表明します

〔3〕水俣病問題の早期政治決着と根本的解決

《Ⅱ》県民総参加で「一歩、前へ」

〔4〕くまもとを「稼げる」県に生まれ変わらせます　――くまもと経済上昇計画
①熊本の宝・農林水産業を活性化します
②みんなが働けるくまもとにします
③「記憶に残る観光地」くまもと観光戦略
〔5〕長寿を恐れない社会をつくります
〔6〕教育者知事・カバシマ　――夢を持つことの大切さ、くまもとの素晴らしさの「伝道者」になります
〔7〕「住みやすさ日本一」を目指します
①日本一の「環境立県くまもと」を目指します
②みんなの気がかり、医療・福祉の充実に努めます
③子供の笑顔があふれる地域づくり
④男女共同参画で「生きやすいくまもと」にします
⑤障害ある皆さんも参画して、暮らしやすいくまもとへ
⑥安全・安心なくまもとづくり
《Ⅲ》くまもとの夢は実現できる

〔8〕熊本市の政令市化を推進します

①「くまもと政令市」実現へゴー

②熊本都市圏戦略→新幹線全線開通にあわせて熊本駅の周辺整備を進めます

〔9〕品格あるくまもとをつくります

①「歴史回廊県くまもと」構想を推進します

②ロアッソ熊本を全面支援します

〔10〕道州制導入は地方自治実現のチャンス ――州都を目指します

〔11〕知事としての政治姿勢について

①マニフェストの推進状況を、半年ごとにホームページ上で公開します

②任期中、特定の候補の選挙運動には参加しません

③国に物申す知事になります

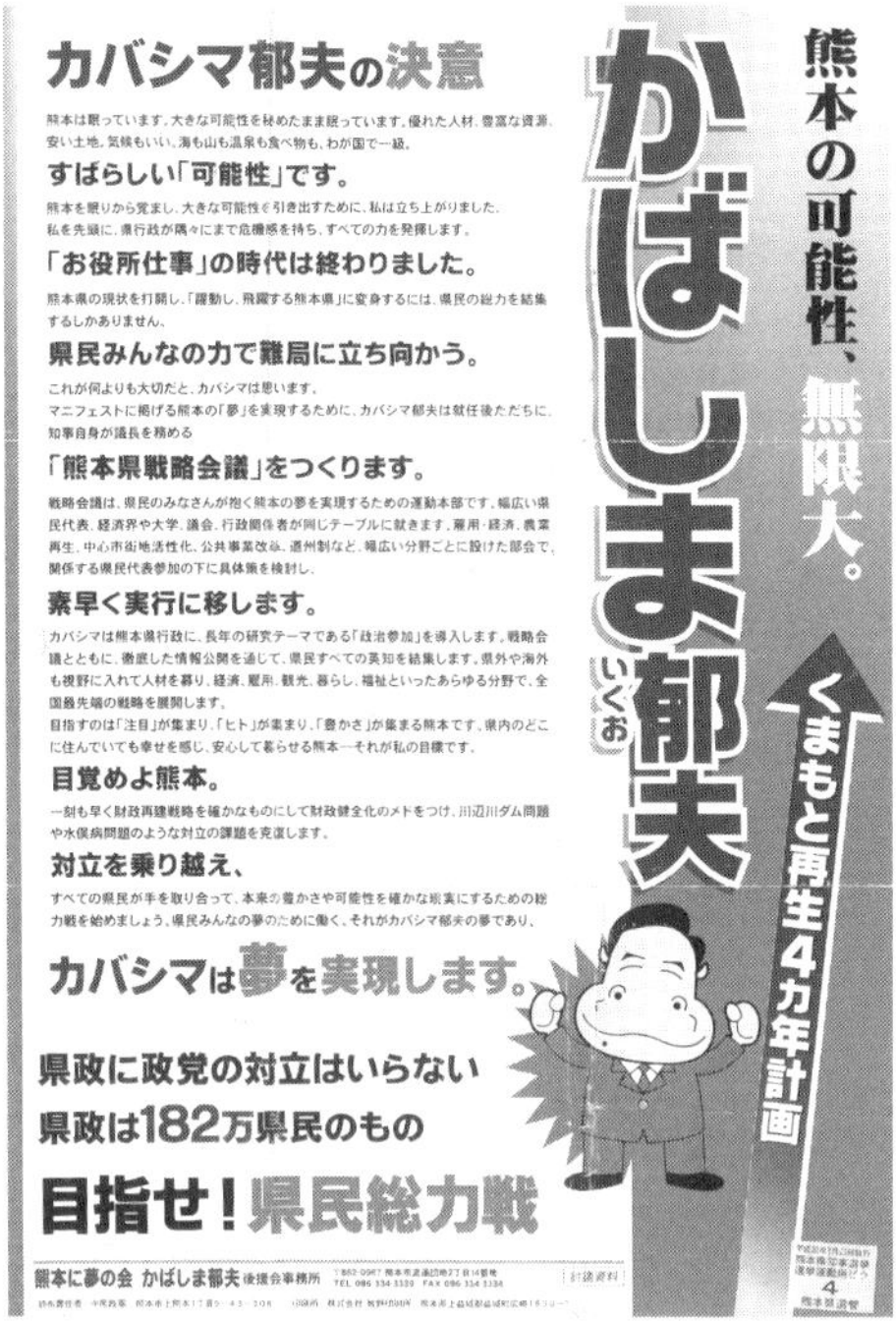

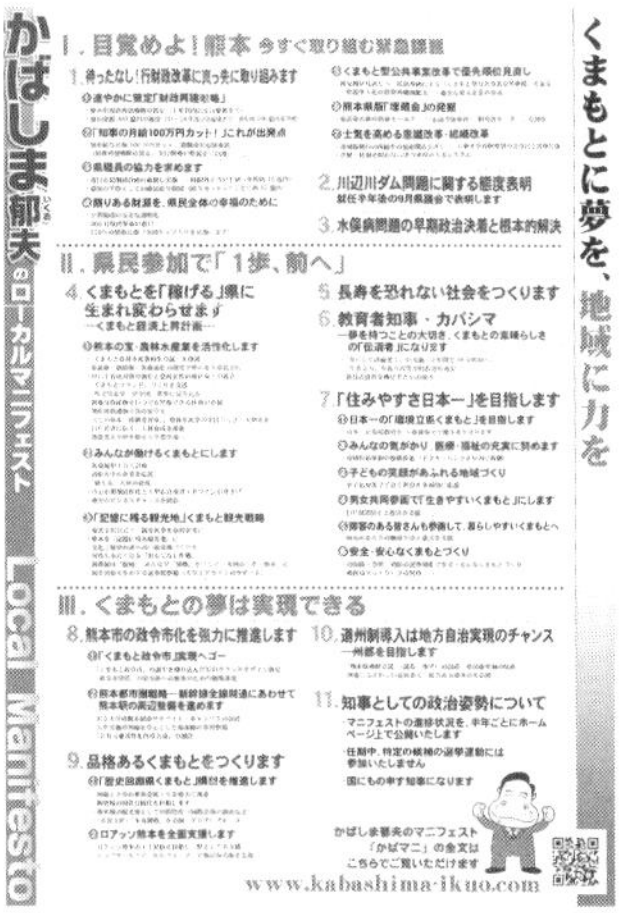

カバさんの知事選挙立候補時のチラシ

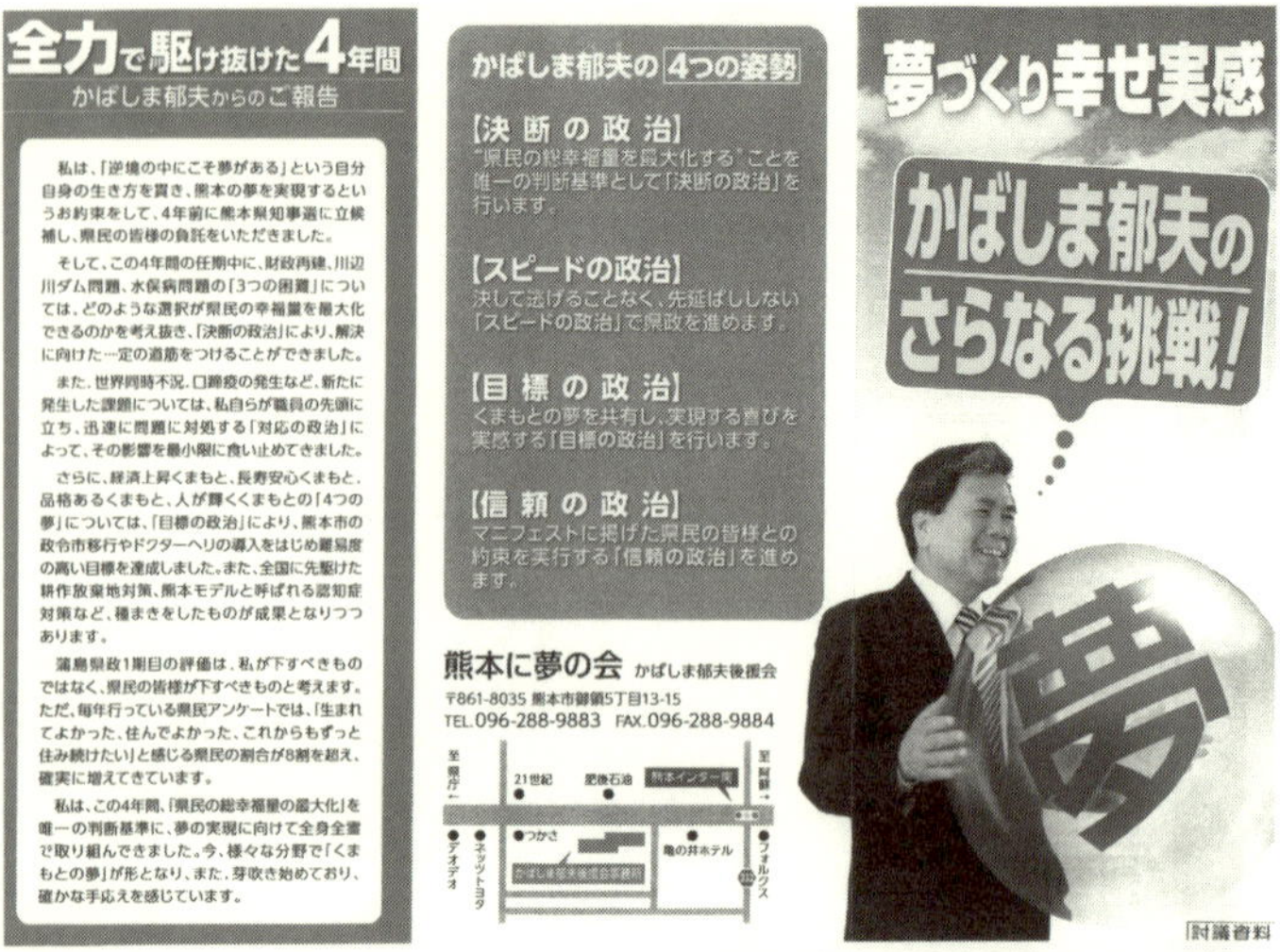

全力で駆け抜けた4年間
かばしま郁夫からのご報告

私は、「逆境の中にこそ夢がある」という自分自身の生き方を貫き、熊本の夢を実現するというお約束をして、4年前に熊本県知事選に立候補し、県民の皆様の負託をいただきました。

そして、この4年間の任期中に、財政再建、川辺川ダム問題、水俣病問題の「3つの困難」については、どのような選択が県民の幸福量を最大化できるのかを考え抜き、「決断の政治」により、解決に向けた一定の道筋をつけることができました。

また、世界同時不況、口蹄疫の発生など、新たに発生した課題については、私自らが職員の先頭に立ち、迅速に問題に対処する「対応の政治」によって、その影響を最小限に食い止めてきました。

さらに、経済上昇くまもと、長寿安心くまもと、品格あるくまもと、人が輝くくまもとの「4つの夢」については、「目標の政治」により、熊本市の政令市移行やドクターヘリの導入をはじめ難易度の高い目標を達成しました。また、全国に先駆けた耕作放棄地対策、熊本モデルと呼ばれる認知症対策など、種まきをしたものが成果となりつつあります。

蒲島県政1期目の評価は、私が下すべきものではなく、県民の皆様が下すべきものと考えます。ただ、毎年行っている県民アンケートでは、「生まれてよかった、住んでよかった、これからもずっと住み続けたい」と感じる県民の割合が8割を超え、確実に増えてきています。

私は、この4年間、「県民の総幸福量の最大化」を唯一の判断基準に、夢の実現に向けて全身全霊で取り組んできました。今、様々な分野で「くまもとの夢」が形となり、また、芽吹き始めており、確かな手応えを感じています。

かばしま郁夫の 4つの姿勢

【決断の政治】
"県民の総幸福量を最大化する"ことを唯一の判断基準として「決断の政治」を行います。

【スピードの政治】
決して逃げることなく、先延ばししない「スピードの政治」で県政を進めます。

【目標の政治】
くまもとの夢を共有し、実現する喜びを実感する「目標の政治」を行います。

【信頼の政治】
マニフェストに掲げた県民の皆様との約束を実行する「信頼の政治」を進めます。

熊本に夢の会 かばしま郁夫後援会
〒861-8035 熊本市御領5丁目13-15
TEL.096-288-9883 FAX.096-288-9884

夢づくり幸せ実感
かばしま郁夫のさらなる挑戦!

夢

討議資料

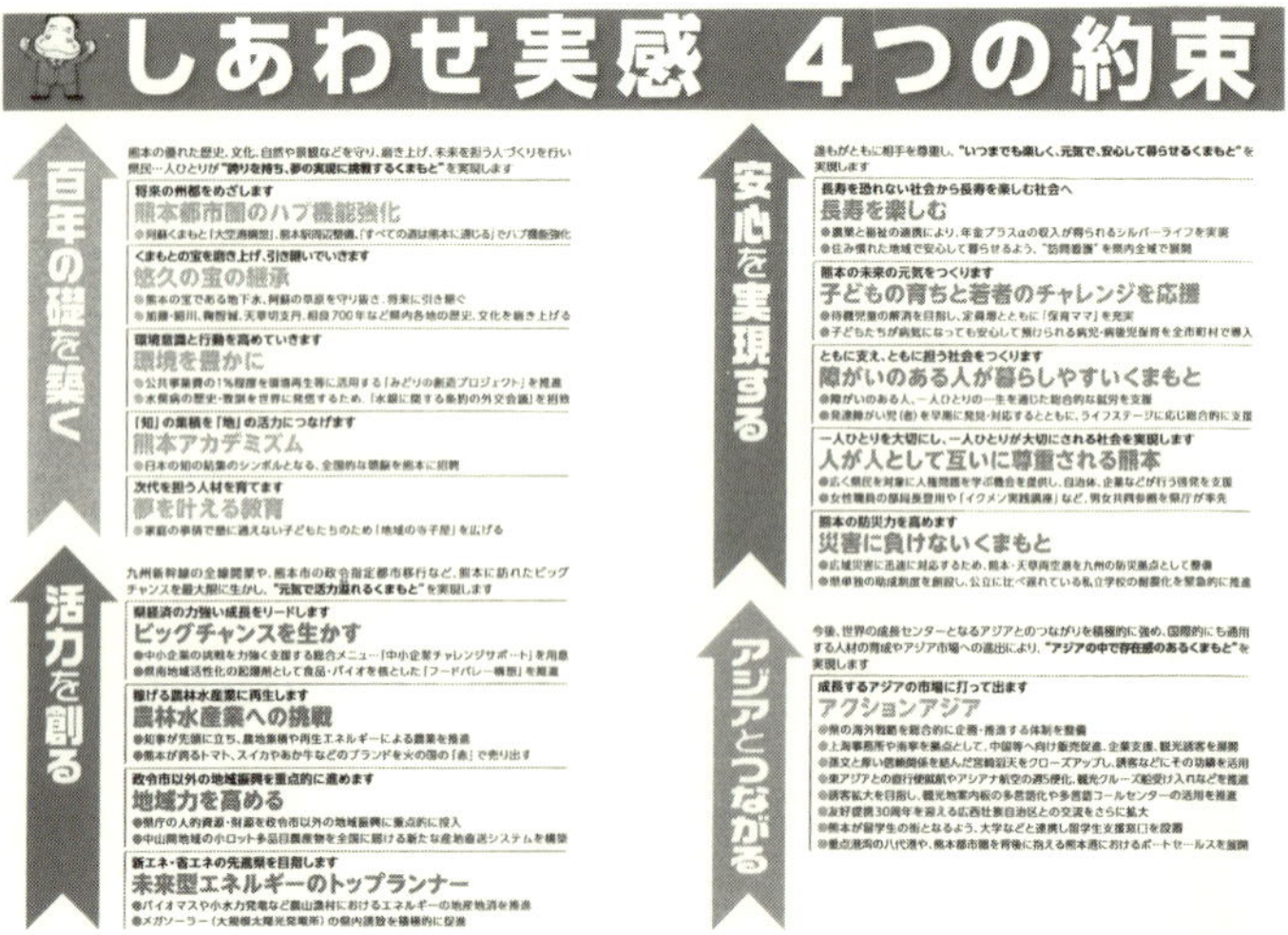

しあわせ実感 4つの約束

百年の礎を築く

熊本の優れた歴史、文化、自然や景観などを守り、磨き上げ、未来を担う人づくりを行い県民一人ひとりが**"誇りを持ち、夢の実現に挑戦するくまもと"**を実現します

将来の州都をめざします
熊本都市圏のハブ機能強化
※阿蘇くまもと「大空港構想」、熊本駅周辺整備、「すべての道は熊本に通じる」でハブ機能強化

くまもとの宝を磨き上げ、引き継いでいきます
悠久の宝の継承
※熊本の宝である地下水、阿蘇の草原を守り抜き、将来に引き継ぐ
※加藤・細川、御船城、天草切支丹、相良700年など県内各地の歴史、文化を磨き上げる

環境意識と行動を高めていきます
環境を豊かに
※公共事業費の1%程度を環境再生等に活用する「みどりの創造プロジェクト」を推進
※水俣病の歴史・教訓を世界に発信するため、「水銀に関する条約の外交会議」を招致

「知」の集積を「地」の活力につなげます
熊本アカデミズム
※日本の知の結集のシンボルとなる、全国的な頭脳を熊本に招聘

次代を担う人材を育てます
夢を叶える教育
※家庭の事情で塾に通えない子どもたちのため「地域の寺子屋」を広げる

活力を創る

九州新幹線の全線開業や、熊本市の政令指定都市移行など、熊本に訪れたビッグチャンスを最大限に生かし、**"元気で活力溢れるくまもと"**を実現します

県経済の力強い成長をリードします
ビッグチャンスを生かす
●中小企業の挑戦を力強く支援する総合メニュー「中小企業チャレンジサポート」を用意
●県南地域活性化の起爆剤として食品・バイオを核とした「フードバレー構想」を推進

稼げる農林水産業に再生します
農林水産業への挑戦
●知事が先頭に立ち、農地集積や再生エネルギーによる農業を推進
●熊本が誇るトマト、スイカやあか牛などのブランドを火の国の「赤」で売り出す

政令市以外の地域振興を重点的に進めます
地域力を高める
●県庁の人的資源・財源を政令市以外の地域振興に重点的に投入
●中山間地域の小ロット多品目農産物を全国に届ける新たな産地直送システムを構築

新エネ・省エネの先進県を目指します
未来型エネルギーのトップランナー
●バイオマスや小水力発電など農山漁村におけるエネルギーの地産地消を推進
●メガソーラー(大規模太陽光発電所)の県内誘致を積極的に促進

安心を実現する

誰もがともに相手を尊重し、**"いつまでも楽しく、元気で、安心して暮らせるくまもと"**を実現します

長寿を恐れない社会から長寿を楽しむ社会へ
長寿を楽しむ
●農業と福祉の連携により、年金プラスαの収入が得られるシルバーライフを実現
●住み慣れた地域で安心して暮らせるよう、"訪問看護"を県内全域で展開

熊本の未来の元気をつくります
子どもの育ちと若者のチャレンジを応援
●待機児童の解消を目指し、定員増とともに「保育ママ」を充実
●子どもたちが病気になっても安心して預けられる病児・病後児保育を全市町村で導入

ともに支え、ともに担う社会をつくります
障がいのある人が暮らしやすいくまもと
●障がいのある人、一人ひとりの一生を通じた総合的な就労を支援
●発達障がい児(者)を早期に発見・対応するとともに、ライフステージに応じ総合的に支援

一人ひとりを大切にし、一人ひとりが大切にされる社会を実現します
人が人として互いに尊重される熊本
●広く県民を対象に人権問題を学ぶ機会を提供し、自治体、企業などが行う研究を支援
●女性職員の部局長登用や「イクメン実践講座」など、男女共同参画を県庁が率先

熊本の防災力を高めます
災害に負けないくまもと
●広域災害に迅速に対応するため、熊本・天草両空港を九州の防災拠点として整備
●県単独の助成制度を創設し、公立に比べ遅れている私立学校の耐震化を緊急的に推進

アジアとつながる

今後、世界の成長センターとなるアジアとのつながりを積極的に強め、国際的にも通用する人材の育成やアジア市場への進出により、**"アジアの中で存在感のあるくまもと"**を実現します

成長するアジアの市場に打って出ます
アクションアジア
※県の海外戦略を総合的に企画・推進する体制を整備
※上海事務所や香港を拠点として、中国等へ向け販売促進、企業支援、観光誘客を展開
※孫文と厚い信頼関係を結んだ宮崎滔天をクローズアップし、誘客などにその功績を活用
※東アジアとの直行便就航やアシアナ航空の週5便化、観光クルーズ船受け入れなどを推進
※誘客拡大を目指し、観光地案内板の多言語化や多言語コールセンターの活用を推進
※友好提携30周年を迎える広西壮族自治区との交流をさらに拡大
※熊本が留学生の街となるよう、大学などと連携し留学生支援窓口を設置
※重点港湾の八代港や、熊本都市圏を背後に抱える熊本港におけるポートセールスを展開

カバさんの２期目決起集会時ビラ

3・二十万票差で当選
——数年前から先を読み尽くしていたカバさん

考えてみれば、カバさんは政治学者として政治家のことを研究して来た人物である。だから、政治家はどういうことをすれば人気が出るのか、逆にどういうことをすると駄目になるのか、というようなことを、ずっと研究してきた。

だから、今までの分かり易く、しかも勇敢に知事になったらやりたいこと、そしてやらねばならないことを明言したカバさんは、何とダントツで次点の候補に約二十万票以上の差を付けて当選した。

ホーセンさんも、立候補の当日、熊本城前でのカバさんが決起するための、出陣式や、選挙期間中の陣中見舞いなどに訪れたが、今振り返ってみると、素人と思われていた彼の立候補の決意が、生半可なものではなかったことが、次の二つのことからよく分かると思うのである。

一つは、立候補に当たってカバさんは、単に突然の思い付で出てきたのではなく、流石に政治学者らしく自分なりのあらゆる智恵を駆使していたと思われることだ。すなわち、政治のプロも驚くほどのドブ板作戦を展開していた。

また二つには、当選してからの実行力の素晴らしさである。すでに述べた川辺川ダム問題など、前任の知事たちが残していった三つの重要な未解決事項の、鮮やかな実施である。

第一のカバさんの立候補作戦準備だが、この時から約四年前すなわち二〇〇六年の夏に、福岡で「ＩＰＳＡ」すなわち世界政治学会の総会が開かれた。世界中から著名な政治学を専門とする学者が千人以上参集した。三年に一度開かれているが、日本で開催するのは初めてだった。

大会はわが国の政治学会の主宰であるから、当然のことながら日本におけるトップ政治学者が就任することになる。当時、東京大学の総長が政治学者の佐々木毅だったので、彼がこの世界大会の実行委員長を務めた。そうして、実質的な大会運営を取り仕切ったのが、大会の事務総長を務めるカバさんこと蒲島郁夫東大教授であった。

河部浩幸氏

橋田紘一氏

佐々木健一氏

こうしてカバさんは、郷里の熊本だけでなく、開催場所九州の福岡に早くからいわゆる根回しにやって来ていた。福岡の経済界の幹部等にも大会の実施に向けての協力を依頼した。この時役に立ったのが、カバさんを座長に据えて行っていた勉強会である。

勉強会に、奇しくも参加していたのが当時九州電力の橋田紘一常務だった。

選挙時には橋田がいろいろな九州の人材を紹介する。ホーセンさんも同じく紹介する。その紹介を受けた人物が、カバさんの人柄に惚れて、また知人を紹介する。こうして、橋田の上司だった熊本出身の九州電力の松尾新吾社長や九電工の河部浩幸社長（肩書はいずれも当時）がっちり受け止めまた輪が広まる。

そして、また熊本を拠点とした東光石油の石原靖也社長や九電工の佐々木健一常務（当時）、さらには前述のように地元の高校同窓会や農協関係者のグループ、若者や市民グループなどによって、まるでスノーボール（ユキダルマ）のように、草の根支持団体が急激に膨れ上がって行った。この頃、滝　悦子や納富昌子などが中心となって、福岡での女性支援団も生まれ始めていた。

4・知事の月給二十四万円という意外性と話題性

それからもう一つが、知事になってすぐに未解決課題を、マニフェスト通りに早速取り上げて解決していった点が、何といっても凄い。

その中で、光るのは他の知事には決して真似出来ない「月給二十四万円」の決定である。マニフェストで謳った通りに何と知事の月給を百万円カットしたことだ。われわれ日本人の中には、どんな貧乏な生活にも耐えて来られた経験を持つ人たちが確かにいるだろう。だが不思議なもので、その同じ人物が頑張って多くの従業員を雇い、資本家といわれるように成功し、何不自由ない身分になったとする。すると普通は、昔の惨めな生活に戻ることはなかなか難しい。極端な比喩だが、百姓から身を興し関白になった秀吉は黄金に埋もれる生活を夢見て亡くなった。ところが、カバさんは、大学の教授と余り変わらない知事の月給百二十四万円を、何と百万円カットし二十四万円、税金を差し引いてたったの十二万円で生活し始めたのである。

この時、彼が二十四才の折ほとんど無一文でアメリカでの留学生活を、しかも学生結婚して過ごして、とても厳しかった頃を思い出したのであろうか。懸命に我慢し抜いてカバさんは、知事一期目の四年間で給与を削った分と退職金の減額分約四千万円を県に返納している。しかし、何といっても富子夫人は偉い。昔のアメリカ留学時代同様に、彼女の協力が無ければ、カバさんの目標は達成出来なかったであろう。

夕方そ知らぬ振りをして、スーパーで売れ残りの刺身などを求めて、夫人は十二万円の生活を始めたのだった。

「新入社員の月給は、二十万円ぐらいだ。むしろ新知事も新入りであり、新入の県の職員や企業の社員と同じ気持ちになれば、何とも無い」と、周りに伝えたりした。

まさか、あの選挙ポスターのマニフェスト通り実行するとは・・・これには、県庁職員全体が驚いた。同時に、知事と同じく歳費を貰っている県会議員や市町村会議なども、ぎょっとした。それよりもびっくりしたのは、マスコミである。そこで、このニュースを各紙が大々的に報道した。

カバさんは、こうしたマスコミの宣伝という名の世論をバックに、早速懸案の熊本県の財政赤字の解消に向けた次々に実行に移して行った。最大の歳費は職員の給与である。三～七%のカットを提案したところ、知事が八十三%もカットしているのだからと受け入れてくれた。もちろん、関係団体等への補助金の引き下げも若干の抵抗はあったが、解決出来た。こうして、マニフェストに取り上げた通り、県の借金（通常県債残高）を4年間で約一〇〇〇億円削減するなど、財政再建の目標をほぼ達成することに、カバさんは成功した。

5・水俣病問題への取り組み

もう一つが水俣病問題のである。

これもマニフェストに「根本的に解決する」と謳った通り、カバさんは真剣に勉強して水俣病公式確認から五十二年間も未解決だった課題に取り組んだ。

カバさんはまず、解決策に至る手順を綿密に詰めて行った。カバさんが発見したのは、まず国すなわち中央政府との連携が今まで不十分だったことである。

もちろん、自民党も水俣病解決のための園田博之委員長の下で、プロジェクト・チームを作って対案をまとめつつあった。しかし一方、政府の主管当局である環境省とは意見の対立があり、熊本県は環境省には出入り禁止の状態にあったという。

その上、自民党のプロジェクト・チームの案が発表された。すると、地元の水俣病訴訟団体は、自民党の案はチッソを擁護するようなものだと反発を強めてしまった。これでは、どうにもならない。

カバさんは、決して対立は好まないし、対立したままでは何も得られない。それを動かすには、カバさん自身が水俣・芦北地域や御所浦地域に赴いて、直に話しを聞き「自分が責任を持って、みんなのために行動する」というしか無いと考えた。彼は二日間現地に入り、話を直接聞いた。その上で今度は、与野党の関係者に国の方針を早く明確に打ち出し、合意してくれるようにと、懸命に懇願した。

カバさんは、次のように明確に申し入れた。

「文明度においては、世界の一流国である日本が、半世紀以上に亘って水俣病問題を解決していないという状況では、世界に向けても恥ずかしい話ではないか」

カバさんは、役所がいうような完全主義で無ければ、物事を進めることが出来ないというやり方では、国民の最大幸福は得られないというのだった。それは、政治家が住民（市民）のために行動する姿である。このように、カバさんの身を挺しての「重大な未解決課題への挑戦」が、与野党の議員を動かし、特措法の成立に結び付いた。平成二十一年七月のことである。

このように、カバさんこと蒲島郁夫熊本県知事の軸足を動かさず、マニフェストで謳ったことは、着実に実行していく姿に、多くの熊本県民だけでなく、少なくとも九州全体から強く支持を受けるという結果が齎された。

それがまた、地域社会のリーダーとしての実力者への道を確かなものにしていったのではなかろうか。

そしてさらに、新たに大きな経済効果を齎し始めた、《くまモン》の登場である。これこそ、マニフェストに謳った「素晴らしい成長の可能性を持った熊本の底力を発揮させたい」という、カバさんの《夢》の実現の第一歩である。

《くまモン》そのものに付いては、第三部に纏めて取り上げる。その前に、次の第二部で、このような素晴らしいリーダーがどのようにして生まれ出たのか、いわばカバさんの生い立ちと、人生の荒波を克服し「期待値を超えて」発展して止まない姿を、続いてドキュメンタリーとしてホーセンさんの語り口で、詳しく紹介してみることにする。

水俣病被害者申請窓口を設置

第二部

「カバさん」六十六才までの華の人生

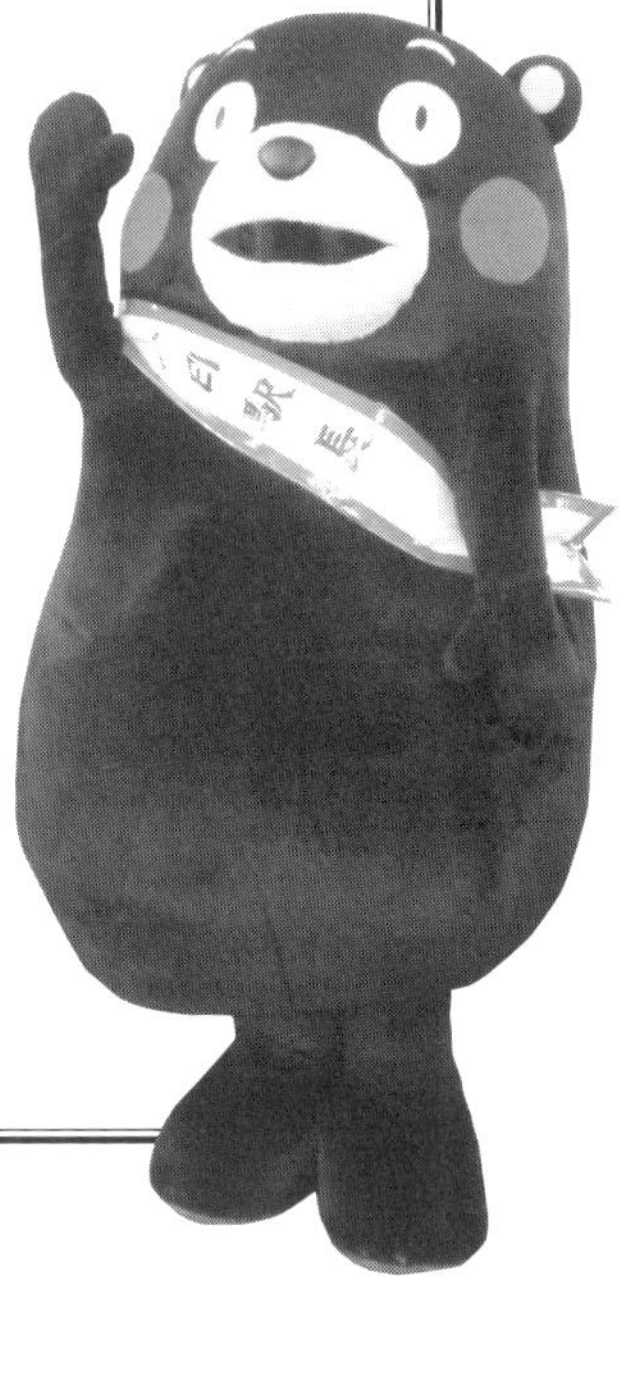

第一章　電気をいっぱい灯けたい

1・運命の出生

人間は、元々不自由な存在である。親が勝手に生むからだ。貧乏人の家庭に突然生まれた子供は、自分から好んでそうなったのでは決して無い。裕福な家庭に生まれた赤ん坊も、自分が選択したのでは無い。日本人に生まれたことも、アメリカ人に生れ落ちるのも、全て自由に自らが望んだのではない。

この話は或る法事の折に、浄土真宗のお坊さんが説教した内容の一部を要約したものだが、実に言い得て《名言》だと思った。

そして、この本の主人公であるカバさんは、これを人間の「運命」という言葉で表した。ちなみに、今からちょうど十年前、二〇〇四年（平成十六年）九月に自伝「《運命》―農奴から東大教授まで」（三笠書房）が発行されている。この自伝の中に、カバさんは「運命」の意味を以上と同じ主旨で述べている。さらにこの点は、ホーセンさんも正に同感である。

しかしながら、全ての人間に取ってその理屈が分かるようになるのは、早熟の人たちは別として普通はおそらく思春期を過ぎた頃であろう。だから、カバさんは東大教授としての教育者の観点から、「人間はそうした《不自由な存在》だという理屈に気が付くようになる、その前のほうが重要だ」というのである。

要するに、そうした理屈が分かる前の幼年時代に、不自由な運命を背負って如何にしてその不自由を乗り越えようと、《夢》を見定めながら自ら努力するか。人間の能力の成長発展は、そのことに掛かっているというのである。

すなわち、こうした発想から敷衍するならば、「教育」の一番重要な時期は小学校ないし中学校であるというのが、カバさんの思想でもある。ヒトはすべからく無限の可能性を信じて、努力することによって「自らの夢」の実現が可能となる。

カバさんは最近、安倍内閣が新たに作った諮問機関である「教育再生実行会議」のメンバーに指名されて、九回に亘る本年の一月から半年間の会議に真面目に出席した。答申された内容に積極的に貢献したが、特にカバさんが強調したのは初等教育であり、少年少女に《夢を持たせること》、そのための教育制度の充実を訴えた。

さてカバさんこと蒲島郁夫は、先の大戦直後の一九四七年（昭和二十二年）一月二十八日、熊本県鹿本郡稲田村（後に鹿本町）大字庄字寺田というところの、貧しい一軒の小作農家の一室で、この家に住む蒲島益太（マスダ）、よし子夫妻の八番目の子供として人生の産声を挙げた。

カバさんがこうした家に生まれたのは運命である。大家さんの家は星子家というが、そこには生まれずに、小作人の中でも僅か二反二畝の水田すなわち、六百六十坪の蒲島家という極貧の農家に生まれたのである。奇しくも、同じ庄村寺田の大家さんの系列には、それから数年後に芹川洋一という、前述の日本経済新聞論説委員長が誕生している。

芹川洋一・日経論説委員長

鹿本郡は、熊本の中でも一番福岡県に近いところ、すなわち八女茶で有名な八女郡とは、目と鼻の先に当たる場所にある。カバさんが生まれた稲田村は、現在合併して山鹿市になっているが、こんな片田舎から何故か、多くの明治の元勲に繋がるような偉人たちが、大勢輩出しているのは不思議議である。
それはさて置き、極貧の中に生まれたとカバさん自身が公言する状況は、一体どの程度だったのか。一応紹介しておく必要がある。

2・イクちゃん一家の運命を決めた星子敏雄

蒲島郁夫熊本県知事の愛称は、もちろん「カバさん」だが、幼少の頃の彼は郁ちゃん（イクちゃん）といわれていた。だから、突然だがここでは《イクちゃん》が登場する。

尤も、ここでの話は、イクちゃんがこの世に生まれ出るより、ずっと前の話である。したがって、この部分のドキュメントは、イクちゃんこと蒲島知事が自ら書いた自伝などを、基にしていることをお断りしておく。

先ほどの芹川洋一日経論説委員長の説明によると、イクちゃんが生まれた稲田村大字庄字寺田というところには、数十軒の家が散在する。ところが、その多くが「芹川」という名前である。すなわち、イクちゃんの家も祖父の代までは「芹川」といった。ところが、長男ではなかったイクちゃんのお父さん（益太）は、隣村の蒲島家の養子になったという。このため、イクちゃんの家は芹川ではなく、蒲島を名乗ることになる。

星子敏雄・元熊本市長

ちなみに、芹川洋一日経論説委員長の家は、この稲田村大字庄の一帯では「本家」と呼ばれているように、この地域の農家全体を統括する、いわゆる庄屋であった。今でも芹川洋一の叔父に当たる芹川一誠という人物が、その本家を継いでいる。洋一の祖父芹川文記は本家の次男であり、長じて小学校の校長などを務めたし厳父は薬剤師だった。いずれにしても、イクちゃんことカバさんと芹川論説委員長とは、縁戚であるのは間違いない。

元に戻るが、養子になり稲田村大字庄から隣村に行ったはずのイクちゃん一家が、何故また戻ってきたのか。その運命を決めたのが、星子敏雄という人物である。若干複雑な関係なので後ほど詳しく説明するが、イクちゃん一家が満州から戻った時落ちついた村一番のおんボロ農家というのは、芹川本家の他にこの地域にもう1人居た大家である星子家の小作人の家屋だったという。しかも、当時隣村の星子家の長男敏雄という人はイクちゃんの父親の同級生であった。それにこの人は大変な秀才で、片田舎の鹿本中学校から、飛び級四年で当時全国的にも有名だった旧制第五高等学校に入学する。このこともあってイクちゃんの父親益太は星子に生涯に亘って畏敬の念を持って接していた。

星子敏雄は、その後も秀才振りを発揮し、遂に最高学府の東京帝国大学法学部に進んだ。東大を卒業後、星子は旅順にあった関東庁の高級官僚となって赴任した。その後、順調に出世して、僅か三十八才で満州国警務局長に就任している。要するに、満州国の警察のトップ警察庁長官である。

イクちゃんの父は、星子に誘われ、満州に渡り警察官になった。そして、星子の知遇により、側近くに置いて貰ったようである。もちろん、イクちゃんが生まれるずっと以前の話である。

3・満州での夢潰え、一家祖母の家で苦難の生活へ

これも運命であろうが、このように勇躍して海外の新天地に夢を求めた人たちが、やがて戦争の犠牲となり、とんでもない目に遭うことになるなどと、考えた者はおそらく殆ど居なかったであろう。

満州に勇んで渡った多くの人たちは、先ずはもちろんのこと夢の実現に向け、力を振り絞り幸福を手にしていった。イクちゃんの両親一家も同じである。特に高級警察官僚であった星子敏雄の紹介があったことから、この当時の蒲島一家はいろいろと、仕事の面はもちろん仕事以外のプライベートな衣食住のことから、種々厚遇を受けることが出来た。すなわち、蒲島一家は、満州社会のエリート集団の中に居たのである。

イクちゃんは、満州で生まれ育った姉たちからそういう折の懐かしい話を、子供の頃何度も聞かされた。例えば、当時を振り返ったエピソードの中に、満州国の影の支配者とい

われた甘粕正彦元大尉の車に乗せてもらったことがあった、といったような話も聞いていたという。

こうして蒲島一家は、裕福に何不自由なく暮らすことが出来た。紹介者の星子自身も人格者だったが、その影響も在ってか特に厳父は、とても真面目でかつ気の優しい人だったから、模範的な日本帝国を代表する警察官として、部下にも慕われかつ地元住民からも信頼を得ていた。

ただ一つだけ不満があったとすれば、それは星子のような立派なエリートと違って、学歴が無かったことである。このコンプレックスは、戦後日本に帰って来てからも付きまとうことになる。子沢山ではあったが、無理をしてでも子供達には少なくとも高校までは行ってほしいと望んでいた。

星子敏雄は、満州国のトップ官僚であったこともあり、戦後はソ連軍の捕虜となり、シベリアの強制収容所に送られた。そして、何と十一年間の抑留生活を経験した後、日本に

村一番のおんぼろ家と言われたイクちゃんの現在も残る生家

帰って来た。帰国後は、上述したように人格者だったことも在って、岸信介元首相などの友人の計らいで、熊本市の助役を勤め、さらに熊本市長に当選して、市長を連続四期十六年間務めた。

だが、満州での夢が潰えて傷心を負い帰国したイクちゃんたちの厳父の方は、とても哀れだった。なにしろ、終戦の翌年着の身着のまま、無一文で引き上げてきた蒲島一家は、イクちゃんの祖母が一人で住む鹿本町（旧稲田村）大字庄の実家に、全員八人が転がり込んだ。イクちゃんが後に小学校に通うようになって「自宅がオンボロで恥ずかしかった」と、子供心に思ったくらいに、江戸時代に建てられた大変な古ぼけた家だった。

その祖母が居た実家自体が、星子家の小作人だったから、とても蒲島一家の面倒を見る余裕などは全く無かった。こういう状態の中で、イクちゃんは引き揚げてきた次の年、昭和二十二年一月二十八日に、八番目の蒲島一家の子供として誕生したのである。正に、人間の運命とはこういうものであろうか。

4・一つしか無い電灯と赤い靴

イクちゃんは、小学校の時に先生に引率されて、熊本県が運営している荒瀬の水力発電所の見学をした。水の力で煌々と灯りが点くし、工場の機械も動くという電気の存在に、イクちゃんたちはびっくり。その記憶を鮮明に持ちながら見学を終えて、祖母が住むオンボロわが家に帰って来た。

それまでは、余りに気にしなかったが、改めてイクちゃんが三つしか無い部屋の中を良く見ると、皆が食事をしたりする居間に、ヒラメントが微かに揺れ動く電球があるだけだった。要するに、一灯だけ電灯があるというのは、最低料金の「定額電燈」という契約だった。

それでも、電気代が払えず、電線が自宅の前で切られることがあった。小学生の時、梯子に乗って切られた電線を学校の授業で使う小さな電線で繋いだことがあった。その瞬間に、小さな電線は音を立てて瞬く間に炎にまみれたのである。その時感電死していれば今の蒲島知事は存在しなかっただろう。この時、電気の怖さと大切さを、身を持って体験したという。

こうしたイクちゃん時代のことが、知事の頭に甦ったのであろうか。イクちゃんこと蒲島郁夫知事は、県知事に当選してから、彼がマニフェストに書いたとおりに着実に改革を素早く進めていった。そうした中で、すでに先輩知事が方針を決めた重要課題について、予定には無かった変更を示したことがあった。一期目すなわち知事就任直後のことである。

八代海に注ぐ一級河川球磨川には、昭和二十九年に造られた水力発電所がある。熊本県民のための貴重な電気供給の電源であり、熊本県が直接事業を行っている。一万八千二百KWの水力発電所が生み出す電気すなわち生産したKWHという商品は、電気の小売事業を行っている九州電力に販売される。殆ど償却も終えた発電所だから、発電コストはとても安い。九州電力に売れば、年間七億円の売り上げとなり、必ず利益が出た。

すでに述べたが、知事に就任した時の最大の懸案事項は、財政の建て直しだった。マニフェストで既述の通り知事は月給を百万円カットすると決めたのも、赤字発生の主要因である職員の給与減らすことが、最も重要であると考えたからである。

ところが、発電すれば利益を生むのだから、県の財政にはプラスになる。しかし、発電所のダム周辺への環境問題が浮上し、前任の潮谷知事の時代にダムの撤去が決められていた。しかし、撤去には建設と同じように費用が掛かる。発電で利益を生むものを壊し、逆に撤去費用が県の負担となる。

まさに新知事に当選したイクちゃんこと蒲島郁夫が、即実行するとマニフェストで約束した通り、この問題の解決が就任直後に持ち上がった。

知事も給料をびっくりするほどカットし、全職員に三〜七%前後の給料の削減を提案している。それに、いろいろな補助金も大幅に削減しなければ、目標の達成は困難である。

新任知事のカバさんは、自分が小学生だったイクちゃん時代に一度見学し、子供心に「電灯の灯りの大切さ」が心の底にある。それを思い出して、水力発電所の重要性を考えた。発電することで、県の財政に寄与しているのに、ダムを潰してよいのか。

こうして、カバさんは議会に「むしろダムを改修して、壊さずに維持してはどうか」と、今度は《ダムの必要性》を提起した。水力発電は、CO2も全く無い。正に環境問題にも貢献するし、熊本県の財政改善にも寄与する。一石二鳥であるというカバさんの主張は、面目躍如たるものがある。

ところが、世の中は単純では無い。

この当時は、「コンクリートからヒトへ」というキャッチフレーズを、時の民主党政権が打ち出していた。カバさんの思いとは逆に、ダムは要らないという主張が何とも常識化していた。

よって、どうしてもカバさんの「ダム継続」を潰さなければ、政権与党の顔が丸潰れになる。とうとう、一つはダム周辺の住民に火を点けて、従来の方針転換は地元との約束違反と言い出した。もう一つは、水利権の延伸は難しいと。

こうして、止む無く一年後に従来方針に戻り、撤去を決断することになった。

しかし今考えると、確かにカバさんがいうとおり、荒瀬ダムによる被害を蒙った旧坂本村の方々の苦しみは、真に切実な問題であったろう。だが、一方百八十万県民の幸福量の最大化を考えれば、むしろカバさん知事の判断は正しかったのではないかと、ホーセンさんは思えてならない。

もう一つ、とても厳しく極貧の中で、イクちゃん時代を過ごした蒲島知事のエピソードがある。とにかく、両親は一家の衣食を支えるために、懸命に働き口を求めて頑張っていたので、小さなイクちゃんは自然に、この家の主である祖母が面倒を見るようになっていた。

もちろん、両親がイクちゃんを放置していたわけでは、決して無いと自伝に描いている。例えば、近所に住んでいた伯父の家には、子供が居なかった。幼いイクちゃんを、是非養子に貰いたいとの要望が来た。この頃、この家には、イクちゃんの妹が二人誕生していた。そうした状況下だから、もちろん蒲島一家は一層極貧の生活を強いられている。だから、イクちゃんを養子に出せば、助かることは判っている。だが、この要望に両親は断固として断った。イクちゃんも、子供心にそれを覚えていた。

しかしながら、そういう事情はともかく、イクちゃんの祖母はこの家で初めて生まれた男の子だと言って、ことの他可愛がってくれた。

もう一人、イクちゃんを可愛がってくれたのは、星子敏雄の母アサさんである。アサさんの口癖が、次のようなことだった。「この家は、江戸時代に建てられた家で、最初に住んだのは日本の生糸産業の功労者長野濬平だ。だから、ここの家に住んでいるときは貧乏だが、出て行った後は必ず大成功して偉くなるんだよ」と。

カバちゃんの貧乏の悲しい思い出を聞いたことがある。蒲島家ではお金がないので、当時五〇円のゴム靴しか買うことができなかった。ある時、学校の遠足があった。夏の時期であり、ゴム靴では足が蒸れてしまう。布製の運動靴がどうしても必要だが、貧乏なイクちゃんの家ではそのお金が無い。ところが、母が赤色の運動靴をバーゲンセールで町から買って来てくれた。しかし流石に、赤い靴はいやだと言ったら母は靴に墨を塗って黒くしてくれた。こうして、イクちゃんは元気良く、みんなと一緒に出かけて行った。ところが、運悪く小雨が降り出した。言うまでも無く、イクちゃんの靴の墨が剥げてきた。一緒に歩いていた友達が「あっ、イクちゃんが赤い靴を履いているよ」と叫んだ。その時ほど貧乏を恥ずかしく思ったことがないとカバさんは言う。

第二章　留学、可能性を信じ夢実現に

1・阿蘇で牛を飼う夢

貧しいながらも、両親と祖母の暖かい養育と指導のお陰で、小学校に入学したイクちゃんは特に、自ら家の手伝いをしなければならないことを悟った。それが、二年生から始めた新聞配達である。

やがてイクちゃんは、毎朝配達している新聞を熱心に、読みかじるようになった。学校に行くと、イクちゃんは友達に聞かれるとも無く、自然体で世の中の情報を伝えた。小学校一年生の頃、すなわち昭和二十八年（一九五三）二月にはＮＨＫのテレビ放送が開始されていたが、未だイクちゃんの村では殆ど遠い夢のような話だった。それでも、四年生の頃になる漸く、村にもテレビを観る家があったが、それほど一般的ではなかった。

だから、新聞配達少年の毎朝の新聞ニュースは貴重だった。イクちゃん自身は次第に、新聞の一面を飾るニュースに興味を持つようになった。昭和三二年二月の石橋湛山首相の病気辞任と岸信介内閣の成立のニュースは今でも憶えているという。それにイクちゃんは新聞だけでなく、小学校の図書室で本を読むのも楽しみの一つだったという。

とくにこの村の近くには、昔から大物政治家や学者等が輩出していた。熊本から戦前唯一日本の総理大臣になった清浦圭吾は、イクちゃんの生家の直ぐ近くに実家があった。松野鶴平参院議長の生家も近くである。熊本市長を四期務めた星子敏雄の生家も隣にある。また、イクちゃんが教授を務めた東大の総長、平野龍一も、同じく鹿本町出身であった。イクちゃんは、いつの間にか、小学校の図書室で偉人伝を読むのが好きになっていた。

中学生になっても、相変わらず、イクちゃんは図書室が好きだった。中学校の方が、少年文庫は豊かである。こうして、地元の県立鹿本高等学校に入った。この頃級友たちと写っている写真を見ると、すでに《カバさん》の面影が少しある。よって、この辺りから「イクちゃん」から「カバさん」に蒲島郁夫知事の呼称を変えることになる。

カバさんの思いは、大きな夢となって膨らんで行った。鹿本郡鹿本町にあった当時の鹿本高校は、福岡県と接する熊本県の最北端に位置するが、そこから約四十ｋｍすなわち、十里先に遥かに連綿と連なる阿蘇連山を仰ぎ見ることができる。

自伝でも描いているが、前述のとおりカバさんはすでに小学校の頃から学校の図書室に入り込んでいた。だが、偉人伝など文学や歴史は好きだったが、数学は殆ど好みに合わなかったので、段々に遠ざかるようになる。特に高校になると、数学は重要な科目だが、カバさんは逃げの一手であった。

それよりも、学校をさぼって裏山に登って、一人で阿蘇の連山を眺めながら夢を育む方が重要だった。こうして生まれた夢が、すでに述べたように「牧場をやりたい」「政治家になりたい」「小説を書きたい」という三つの軸足であった。

順序を逆にして、先ず三番目の「小説を書きたい」というのは、何時も図書室や図書館の中で夢を膨らませているカバさんに取っては、間違いなく自分もこういうような、有益な他人に役立つ《本》を書きたいという気持ちになったとしても可笑しくない。

では、二番目の「政治家になりたい」というのは、何処から出てきたのか。それには、おそらく次の二つではなかろうか。一つは、イクちゃん時代の生家の周りに、日本を動かすような大物政治家が輩出していたことだ。新聞配達少年の脳裏に、《政治》という言葉が本能的に芽生えていた。二つには、おそらく凄まじいほど極貧の、例えば電灯が一つしか無いという生活をしながら、プルタークの英雄伝やビクトル・ユーゴの「ああ無情」を熱心に愛読した少年の正義感が、国家社会のリーダーである政治家に結び付いたということであろう。

そして、一番目の夢である「牧場」をということは、小さいときから何度も訪れた阿蘇の麓で牛が飼われている風景が子供心に残り、出来たら自分も牧場もやって見たいという夢とも結び付いたと、カバさんは語っている。

高校三年生になると、みんなが進学の準備を始めた。だが、カバさんには大学への進学をするチョイスは全くなかった。先ずは、貧乏子だくさんの家庭の事情が許さなかった。もう一つはカバさんの成績である。「私は落ちこぼれ」だったと自嘲気味に述べるカバさんこと熊本県知事だが、本当にそうだったのか。

高校時代のカバさん（前列左）

小学一年生のときから高校卒業まで、通知表で「5」すなわち優秀という評価を貰ったのは、「小学六年生のときの『国語』だけ、その一つだけが宝物」と、時折にカバさんは述べる。それに、他の科目は大方「2」だったという。そういう意味では、確かに大学進学はまったく無理である。

カバさんは、卒業とほぼ同時に地元の稲田村農協に就職する。ただ、そこで上司とうまくいかず二年間悶々としているときに、派米農業研修生の制度を知る。「これだ、アメリカで牧場経営の勉強をしよう」とカバさんは、その募集広告を見たとき心の中で叫んでいた。彼は、漸く人生の扉に一つの光が点り始めたような気がしていた。「気」とは、人間に取って、生きていくためのとても重要な要件である。「気」はさらに気持ち、期待、気力、気負い、気概、気迫などと発展していき、人間をはぐくんでいく。多分に、カバさんはこうした前向きの気持ちを重ねる方向を、漸くこの時発見したのであろう。

2・憧れのアメリカ——農業研修生という名の地獄

当時、日本政府は、アメリカ合衆国政府と協定を行い、日本の農業関係の若者を二年間アメリカで研修させ、わが国の農業をリードする人材を育てるという目的の派米農業研修生プログラムを運営していた。カバさんは昭和四二年にその三回生として応募した。

こうして彼は、政府が募集したこのミッションメンバーの一人として、農業技術を習得するため約二〇〇人の仲間と共に、とにかくわくわくしながらという表現どおり、憧れのアメリカ大陸の土地を踏むことになった。がむしゃらに未知の国で新たな知識を、吸収しなければならないと思うと、闘志がぞくぞくと湧いてきた。

カバさんは、ワシントン州モーゼスレイクにあるビッグベンド大学で一ヶ月間の英語研修を受け、そこで片言の英語が話せるようになるとオレゴン州のフッド・リーバーのリンゴ園にリンゴの収穫のため送られた。リンゴ園では三カ月働き、再びビッグベンド大学で二カ月間の英語研修がある。そのあといよいよ、肉牛経営の長期実習である。


カバさんが長期実習のため配属されたのは、アメリカ合衆国五十州の中で最北西部に位置するアイダホ州だった。すなわち、ロッキー山脈が正に通っている場所である。

北側は、カナダのブリティシュコロンビア州と接している。西にはオレゴン州とワシントン州、東はモンタナ州とワイオミング州、そして南がネバダ州に接している。名前だけ見ても分かるとおり、アメリカ映画の西部劇を思わせる広大な山や谷などに囲まれた、気が遠くなるような高原地帯である。何も無い、あるのは「ポテト」と、ある時カバさんが

アイダホ州

苦笑していたのを思い出す。

　だが、カバさんは、こんな遠くにはるばる良くやって来たなという感慨で、ここに到着したその日だけは、何とも胸が躍った。説明を聞くと、この牧場には肉牛と羊がそれぞれ数百頭いる。それに、この牛と羊を飼育するためのトウモロコシなどの広大な畑があった。

　この牧場にはボスの家族の他に、白人の住み込みの夫婦がいた。そこに、カバさんが加わった。すなわち、ボスと白人の青年、それにカバさんの三人でこの牧場の仕事をやっていくということだった。最初の一日は、先ほどのように夢を膨らませたが、実際に仕事が始まると、そんな甘い夢はたちどころに消え失せた。

　前に戻るが夜明け前の未だ暗いうちから、その日の仕事が始まる。それに最初の日だけ、ボスが直接仕事の手順を教えてくれたが、その後は全てカバさんが自分でやらなければならなかった。正に牧場の仕事は、時間給で働くのでは無い。要するに夜明け前の暗いうちから起き出して、陽が落ちるまで働くのである。それに、生き物が相手だから休みというものがないのだが、カバさんがやってきたときは、真冬だった。一番つらい時期が冬だということは、日本から案内してくれた人から聞いてはいたが、流石の彼もそれからの一年余の生活は、正に驚きの連続であった。冬だけでなく、春夏秋共にそれなりの苦労があった。

　さて、先ずは着任早々の冬のカバさんの状況であるが、この牧場の目的は何かと言えば、カバさんがこれから扱う数百頭の子牛を、食用になるまで丁寧に育て上げ、市場に無事に送り出すことである。このように、子牛を購入してきて適正な肉牛になるまで育てるのが、アメリカの牧畜事業の一つのかたちである。これを、《フィード・ロット（Feed Lot）》と呼ぶ。また、一緒に飼っている羊は、農場で種付けをし、分娩して毛を刈り取る。そして、子羊は肉用、毛は羊毛として市場で販売するのだ。カバさんが夢見た、阿蘇の裾野を遠望しながらのどかに放牧して、リーダー牛が首につけた鈴をコロンカランと鳴らすなどという状況とは全く違っていた。これから、少々触れてみるが、アメリカの牧場経営の厳しさは尋常ではない。

　結論からいうと、カバさんの重労働経験は、彼の頭からすっかり牧場をやろうという夢も希望も取り上げてしまうぐらい厳しかった。カバさんの強靭な体力を持ってしても、こ

農業研修生時代の蒲島青年

ここでの労働は毎日の使役にやっと耐えるほど、きついものだった。要するに日本の畜産業を担う若者を、育てるという目的は名目であって、実態はカバさんたちのような若者を、低賃金でフードロットという牧場経営のため使役するという現実の目的があったのだろう。

だが、この経験から、その時カバさん自身はとても重要なことを身に着けていたのである。もちろん、本人はこの時点では全く気が付いていないはずだ。一体それは、何だったか。

早朝たたき起こされて、作業着に着替えて長靴を履いたカバさんは、アメリカ農民のシンボルであるカーボーイハットを小脇に抱えて、トレーラーハウスから飛び出していく。ちなみに、トレーラーハウスが、カバさんの住まいであった。

一日の仕事は、第一にその数百頭ずつの牛と羊に、餌と水を与えることから始まる。その作業は簡単では無い。先ずはトラックを持ち出し、飼料用の倉庫からそのトラックに次々と、干し草や配合した飼料を積み込まなければ成らない。積み込みが終わるや否や、運転台に乗り込み牛の餌場までトラックを走らせる。ただ走らせるだけではない。荷台からどんどん万遍なく飼料を落としていく。

先ず、メインは牛舎である。それが終了すると、今度は羊小屋に走る。それらを休まず懸命にやり続けても、三時間は有に掛かる。牛と羊の餌をやりながら、とにかくお腹の虫がグーッツと鳴る。重労働に、頭が白くなりかけた。

こうして、牛と羊の餌場の作業が一段落するころには、周りがすっかり明るくなっている。そこで、初めてカバさんは朝食が出来るのだ。朝食を終えると、一休みしたくなる。だが、それは許してもらえない。

日光は在っても、何しろ摂氏十度以下の厳寒の真冬である。そうした中で、牛や羊の健康管理をしなければならない。異常がないかどうかを、目視でチェックする仕事である。最初のうちは、カバさんに見落としはないかとボスが再度見て回っていた。それが終わると、今度は羊の毛を狩る仕事や倉庫の清掃などの仕事がある。すると、もうお昼だ。午後は飼料用に作付けされている、トウモロコシなどの畑の管理を指示される。この牧場では、同時に砂糖大根すなわちシュガー・ビートを植え付けていた。これは、餌ではなく収穫すると市場に持っていって販売してもらい、得た代金で厳しい牧場経営の維持費の一部にしていた。

冬から一転春先になった。朝食後、ボスはカバさんを車に乗せてトウモロコシ畑に直行すると、そこでカバさんだけを降ろす。カバさんは広大な畑を見渡し、気が遠くなりそうだ。何しろ、彼の目線の先には、ずっと先の先まで同じ畑が連なり、どこまで行っても切れ目などない。このエンドレスに広がるトウモロコシ畑の仕事を、とにかく陽が落ちる頃まで続けるのである。もちろん、白人の男も別の畑でカバさんと同じ作業をしている。主な仕事はイリゲーションすなわち「灌水」である。これが、そう簡単ではない。畑に水を撒くことだが、庭木を手入れするのとはわけが違う。先ずは、サイホンと呼ばれるアルミ管のようなもので、用水路から、トウモロコシの苗がずっと一列に並んでいる無数の溝と溝の間にまんべんなく水を張っていくという仕事である。

カバさんは、用水路の中に管の片方をさっと入れて吸引する。それをそれぞれの溝の一本ずつに、手前から順次流していくのである。溝はほんの僅か傾斜しているのか、徐々に流れていく。水の配分は、とても難しい。少なすぎると、その畝は途中までしか水が到達しない。逆にやりすぎると、今度は溢れてしまいトウモロコシの苗が水浸しになってしまう。カバさんは、見回りに来たボスに怒鳴られながら失敗を繰り返す。ボスもつらいのだ。カバさんが水の配分をやり損ねると、ボスはその作業を自分が引き取って、真っ暗な中で深夜までやり直していかねばならないのだ。

灌水の仕事を終えて引きあげると、今度は朝の仕事と同じく、お腹を空かして待ってい
る牛と羊に餌を与える仕事が待っている。カバさんの頭の中には、一年半前に当初抱いて
いた牧場をやろうというような夢は、厳しい肉体労働の限界を経験してきただけに、殆ど
自信喪失の状態になり掛けていた。

こうして、あっという間にとても辛くて堪らなかった一年に及ぶ長期研修が一時終了し、各地に分散していっていた研修生の仲間が再び戻って来た。その場所が、アメリカのちょうど中央部に位置する、ネブラスカ州の州都リンカーン市にある州立ネブラスカ大学農学部であった。ネブラスカ大学は畜産と家禽関係の研修生の研修を受け持っている。そこで、彼らは三カ月間の学科研修を受ける。農場では現場体験を、大学では理論を学ぶのである。そして、カバさんが甦るのは、正にこの時であった。

3・アイクの留学と学生結婚

①勉強とは、こんなにも楽しいものだったのか

畜産学の講義が始まると、アイクは何故か今までの落ち込んだ精神状態から完全に抜け出していた。講義の内容は、農場での現場研修の意味合いを講師が学問的に理論付けて話

して呉れるというものだった。アイクは熱心にノートを取り始めていた。

他の多くの仲間たちと違って、アイクは学習の期間がとても楽しくてしょうがなかった。英語の語彙力が不足しているアイクに取っては、判らない単語が出てきて若干困ったことがあっても、学問を学ぶ楽しさの方が勝っており、彼に取っては三カ月の大学での講義が、短すぎると思えたぐらいである。特に、カバさんことアイクは「こんなに勉強することが、楽しいとは今まで思っても見なかった」というのである。これまでの一年余の牧場で辛酸を舐めて来た労働と比べると、勉強するだけで食べることができるという。こんなに楽しいことはない。アイクはそう考えると、にわかに農業研修生としてアメリカに行くことを決めた、自分の考えが間違いではなかったことをしっかりと確認し、新たな勇気が沸々として湧いてきた。

彼は不思議にも、ついこの間まで労働作業の限界まで、厳しく自分を使役していたアイダホ州の牧場のボスに、逆に感謝する気持ちになっていた。何故なら、あのボスが自分をあれほど厳しく牛や羊の餌を与える仕事や、トウモロコシ畑の給水に翻弄される重労働に使役していなかったら、ひょっとしてこの勉強は楽しいという思いに到達出来無かったのではないだろうか。

アイクは、農奴のように酷使されて、正に身を削るような崖っ淵の生活を強いられたことで、精神的にもまた肉体的にも鍛えられ、その反動で自ら学ぶ楽しさ、そして「知的憧れ」に突然に開眼したということであろう。その上で、自ら海外への留学という行動に賭けた、人生の進むべき方向への踏み切りは決して間違ってはいなかったと、改めて確認するのだった。

またよく考えてみると、少年時代から学校の図書館に籠って、東西の文化文明に繋がるような名作を、アイクは熱心に読みこなしていた。そのことによって、多分アイクという優れた人物は、早くから海外を恐れずそれを取り入れる訓練が出来ていた。

すなわち、西洋社会すなわち個人主義と自由主義によって成り立つ、アメリカという国の文化的基盤が持つ制度習慣をアイクは直ぐに許容し得た。そして、このことは裏を返せば、東洋の文化である個人よりも組織を大事にするという風潮を持つ、日本の全く異なる風土習慣をも理解出来るという、正に中庸を得た素質と能力を、彼がしっかりと保持することになったということではなかろうか。

②アメリカの大学への留学を決心

アイクのような、日本からやって来た研修生たちを、最後にネブラスカ大学農学部で三カ月ほど研修させるプログラム担当がクリントン・フーバーさんである。人懐っこい性格の先生であり、アイクも何かと声を掛けては親しくなっていた。

そのフーバーさんに、大学での勉強の楽しさに開眼したアイクが、いよいよネブラスカ大学を去る日が数日後に迫った時、思い切って相談に行った。

「いよいよ、君たちともお別れだな。寂しくなるね・・・ところでアイク、何か用事があるのかね」

フーバーさんが、アイクの様子を見てそう述べた。

「はい、実はもう一度アメリカに戻って勉強したいのです。まず四回生の研修プログラムの通訳を務め、そのあとネブラスカ大学農学部に留学したいのです。受け入れて呉れますか?」

ネブラスカ大学での研修の模様

研修担当だったフーバー先生夫妻

「もちろんオーケーだよ。君は成績も良いし、戻って来なさい。通訳をしながらSATを受けるといい。」短いが力強い答えが返ってきた。「思えば、あの時フーバーさんの、短いがとても力強い励ましの言葉あったからこそ、今現在の熊本県知事蒲島郁夫が存在するといってもよい」ごく最近、知事に会って当時の話になった時、カバさんはその時の情景を思い出したのか、目を多少潤ませながら、これまた同じように短くそう述べた。「闇夜をさまよっているときに、行く手に小さな灯りを見付けたような気持であった」と、この時の思い出を、アイクこと県知事蒲島郁夫は自伝に述べている。

SATとは、「Scholarship Assessment Test」すなわち、アメリカの大学に入学するために、アメリカの高校生が受けなければならない大学進学適正テストのことである。アイクことカバさんも後に、これを受けることになる。

③三つの難題をどう解決するか

アイクは、ネブラスカ大学での学科研修を終え、二か月余りアイダホの牧場に戻った。フーバーさんが約束してくれたように、一年後にネブラスカ大学に入学すれば、研修生の通訳のアルバイトをしながら存分に勉強が出来るという確かな夢を胸に、アイダホに戻った。ボスも三カ月前と比べると顔つきが格段に明るくなったので、残りの二カ月余の間優しく接してくれた。

昭和四十五年（一九七〇年）七月、カバさんは日本の土を踏んだ。九州の熊本を出発してから、約二年が経っておりカバさんは二十三才になっていた。

しかし日本に帰る飛行機の中で、カバさんは考えてみていた。この夢を何としても、一年以内に実現したい。だがそれには、先ず熊本に帰ると直ぐに解決しなければならないことが、少なくとも三つあるということに気付いた。

一つは、当然のことながら再度アメリカに行くための渡航費用である。カバさんの家庭の事情からいって、そんな費用を両親や兄弟親戚に期待は殆ど出来ない。先ず、これは自分で懸命にアルバイトをして稼ぐしかない。当時為替レートが、一ドル・三百六十円の時代であったから、片道でも三十五万円は掛かった。後で詳しく述べるが、この時カバさんは安心して短期間に目的を達成するには、名古屋で牛乳販売業を行っている、義兄に頼るしかないなと思った。

二つ目が、英語の勉強である。アメリカの大学に入学するには、すでに述べたように必ず「ＳＡＴ」すなわち大学進学適正テストを受け、合格しなければならない。アメリカ国内の自分の国の高校生はもちろん、カバさんのような外国人を含めて、アメリカの大学に入学するには、すべての人がＳＡＴをクリアーしなければ、大学には入れない。日本の大学の受験競争とは違って、選抜競争を前提とした試験ではなく、いってみれば大学での講義が理解できるかどうかの、レベルの判定だから難しくはない。

そうはいっても、特に英語は重要である。何故なら受験生のほとんどは、アメリカの高校生であり、彼らにとって英語は自国語である。カバさんの日本語のようなものだ。極端に言えば、カバさんはフーバーさんに一年間後戻ってきて研修生の通訳のアルバイトをしながら、大学に行くと約束している。だから、どうしても一年間で、アメリカの高校生と同じレベルに語学力が上達するよう努力するしかない。

さて以上の二つよりも、もっと重要かつ大切な問題をカバさんは抱えていた。すなわちその三つ目とは、彼は二年前に海外への農業研修生としてアメリカに渡ることになる以前から、結婚を前提に付き合っていた女性がいた。

その女性は、熊本県庁に勤めていた。堅実でしっかりものだった。偶然だが、彼女の身内がアメリカに在住していたこともあったので、カバさんが農業研修生として近々渡米するというので、デートを重ねるごとに共通の話題で盛り上がり、一層親しく付き合うようになっていた。どちらからともなく、将来は一緒になろうという約束が出来上がっていた。

このため、カバさんは二年間の海外研修に出発するとき、無事帰国したら式を挙げようと彼女に約束していた。一方上述のように、フーバーさんには一年後には必ずアメリカに戻ってくると、約束してしまっている。

だが他方、帰国してカバさんが彼女に再会したとき、二年前の固い約束を反古にして、まさか「もう一度、アメリカに行くので、もう少し待ってくれ」と平気でカバさんが言い出すなどとは、夢にも思っていないだろう。帰りの飛行機の中で、カバさんは日本が近づくに連れて、帰国の喜びどこかこの問題が頭をもたげ始めて、なかなか眠られなかった。

農業研修生は、二年間という期間が決まっている。だから、フィアンセも我慢してもらえるが、大学に入学するための海外留学となれば、期間は決められていない。アメリカの場合も、大学は日本と同じく原則四年制である。しかし、それが四年間で終わるとは限らない。下手をしたら留学のつもりで渡米した若者が、遂に目的を達することを諦めてアメリカに居着いてしまい、最後はとうとう一生を終えたというような話もある。

カバさんが、「いや、僕の夢は決していい加減なものではないよ」と彼女の前で、真剣に訴えたとしても、それは不確かな自分勝手な判断だといわれるに決まっている。仮に彼女自身は説得出来ても、彼女の両親が承知しないだろう。そうなれば二者択一で、先ず留学を取るか。それとも留学を諦めて彼女と結婚するかということになる。

この時、カバさんは「本音を言えば、彼女との約束を解消し、それと引き換えに留学の夢に向かって再出発するということになるのは、とても出来ないという気持ちでいっぱいだった」と述べている。ホーセンさんも、カバさんの話を聞きながら、やはり男は夢を追うものだが、その実は一人の女性の存在で簡単に気持ちがグラついてしまう。それが、現実というものだと思うのだった。

だから、多くの人は夢を持っていても実際にはなかなか行動を起こすのは難しいのである。要するにカバさんが、一年以内にフーバーさんに約束した通りに再渡米するためには、このような大変な三つの難題を抱えていたのである。

ところが、帰りの飛行機の中で、悩みに悩んだカバさんだったが、彼は常人とは違っていた。敢えて、行動に出たのである。それは一九七一年一月、カバさん二十四才の新春のことだった。

ます第一の問題は、渡米資金つくりである。上述の通り一ドルが三百六十円と円安の時代であるから、アメリカまでの航空運賃は最低料金でも、片道三十五万円であった。彼はすでに述べたとおり、身内の者や知人への挨拶もそこそこに、名古屋の義兄、安田勝雄の元を急いで訪ねた。その牛乳店は、名鉄の電車に乗れば名古屋駅から約三十分の、現在は中村区になっている繁華街の近くにあった。義兄も苦労人である。六カ月働いたら旅費の分を出してやろうと言ってくれた。

彼には、後二つ重要な課題があった。「ＳＡＴ」すなわち、アメリカの大学入学テストのための英語能力向上の必要性。それともう一つ最重要な、アメリカ留学のことについてフィアンセの了解を取ること。カバさんが、このためにどのような努力をしたかも取り上げねばならないが、取りあえずは先ほどの義兄の元で行った「牛乳配達」の件をエピソードも含め、以下に述べて見よう。

④名古屋での牛乳配達で渡航費用を工面

アメリカから帰国した、カバさんこと現在の熊本県知事蒲島郁夫が、農業研修をお世話してくれた地元の鹿本農協などへの挨拶もそこそこに、先ほど述べたように、名古屋に住む牛乳店を経営する義兄安田勝雄の元に出かけて行った。一刻も早く、牛乳配達を始め、懸命に働いて資金を稼がなければならないからだ。

だが、このようなカバさんの努力があったことは、殆ど知られていない。ホーセンさんだけは、かれこれ十七、八年ぐらい親しく付き合っているので、大分前にそのことを知った。

それは、次に述べることと関係する。

名古屋には、ホーセンさんの知り合いがかなり居る。トヨタの名誉会長張富士夫、中部電力の相談役川口文夫、そのほかトヨタ関係の神尾隆や、三ワタナベ（渡辺捷昭相談役と渡邉浩之技監：もう一人トヨタ九州相談役の渡辺顯好）なども居るし、中部電力などに勤めるホーセンさんの息子や孫たちも住んでいる。

その中から先ず川口文夫を取り上げてみよう。彼は、この本の第一部で取り上げた、蒲島東大教授を座長とした「日本のリーダーシップ研究会」の重要メンバーの一人だった。

その川口は名古屋というよりは、中部地域からさらには中央の東京方面まで、彼の美男子振りが知れ渡っている。ホーセンさんとは長い付き合いだが、彼はとても緻密でありながら、表面は豪快でかつ頭の切れる熱血漢だ。間違った話には、敢然と立ち向かう。しかも、部下の面倒も良い大変暖かい心の持ち主でもある。また勉強家であることは間違いない。その証拠に、彼は早稲田大学の出身者でありながら、若いころから福沢諭吉に心酔しており、殆どただ一人多くの慶應出身の人たちに交じって、福沢勉強会のメンバーとなっている。

余談だが、エピソードを紹介しよう。今から十五、六年前のことだ。役員にはなっていたが、一介のビジネスマンに過ぎなかったその川口が、突如として大会社である中部電力の社長に抜擢された。彼の秘めた能力を見抜き、トップに据えたこの会社の経営陣は、たいしたものだと今でも思っている。

２００１年6月社長になった時が、ちょうど六十才だったから他の会社などの状況から判断すれば、一般的には決して若い方ではない。だが、技術技能とマネジメントを緻密に駆使しなければならない電力会社では、六十で社長というのは当時ダントツに若かった。

その証拠に社長になった時、先輩役員を何と十六人抜きしたのだった。こうした政財界トップ人事の交代を予測する記事では、時々事前の誤報が逆に話題になることがある。川口の場合も、全国紙のN新聞の記者が特ダネを間違えた。

真相はもちろん不明だが、川口は十日ほど前にO社長に呼ばれた。何か、まずいことでもあったのかと、神妙な顔で出頭した。何時もO社長は、単刀直入に要件を述べる人だが、この時は初めからかなりの雑談があった。川口はますます気になったという。四、五分雑談が続いた後「ところで、川口君僕の後は君にやってもらうからそのつもりでいてくれ。もちろん、誰にも言うなよ」と、突然言われた。一瞬、彼は耳を疑った。びっくりして、引き下がったという。

こういう人事の話は話題性があるため、マスコミに取ってはかなりの価値がある。だから、特ダネになる。新聞各社は春先の《人事の季節》になると、役員交代がありそうな会社に狙いを定めて、人事担当の役員やトップ経営者にアポイントを取って、特ダネのネタ探しを競い合う。遂に夜討ち朝駆けが始まるという具合である。川口文夫が、正式に役員会で次期社長候補に選出される日の一週間ほど前の日曜日、N新聞の朝刊一面に全く別人が社長になるという報道が写真入りで詳しく報道された。これには、間違えられた人も迷惑したであろうが、一番びっくりしたのは川口本人だった。「はっきり、社長から申し渡されたのに、あれは間違いだったのかな?と思いましたよ。しかし、誰にもいうなと言われたので、確認するわけにもいかないし……」と、懇談したとき彼が苦笑いをしながら話していたのを、ホーセンさんは思い出していた。

川口文夫・現中部電力相談役

先ほどのカバさんこと蒲島教授の研究会が始まって、しばらくしてからだったが、ホーセンさんが、カバさんからの要請で川口文夫を誘って東京で懇談したことがあった。その理由をカバさんに尋ねると、「いつも勉強会に、わざわざ名古屋から来てくれるし、とてもいい人だと思うので、大会社の社長に一言お礼が言いたかった」というのだった。

しかしこの時までホーセンさんは、カバさんが名古屋と関係があったという事情を知らなかった。このため、何時も東京での勉強会が終わると忙しく、新幹線の列車時刻表を見て「すみません、お先に」といって、そそくさと退室していく川口文夫が時間を取ってくれるだろうかと思ったが、他ならぬカバさんの断ってのお願いである。カバさんの要望通りに川口に意向を伝えた。こうして、二人の都合を調整して、間もなく三人で会食をした。

会食の間に、カバさんがしきりに「名古屋は懐かしいところだ」という。

そこで、川口が質問した。

「蒲島先生は、何か名古屋に特別な関係があるのですか？」

すると、カバさんがゆっくりとした口調で述べた。

「まぁー、名古屋には昔親戚が居ましたので、時々は行ったことがありますよ。それに名古屋名物のウイローは何とも言えない香りと味がしますね」などと述べた程度だったので、名古屋の話題は一旦途切れた。

　しばらく雑談が続き、多少アルコールが入ったころ、再度カバさんが名古屋の街、それも牛乳配達をした中村区の街の様子を、かなり詳しく説明し出した。

「いやー、蒲島先生恐れ入りました。私は、かつて名古屋支店の支店長もしていたが、先生ほどあの横町にはタバコ屋があったとか全く疎いですよ」

　そこで、ホーセンさんが質問した。

「先生は、ひょっとしたら若いころ名古屋で、何か仕事でもされていたんですか。それとも、思い出に残るような美人でもいらしたのか？」

　すると、思いがけなく「名古屋には、義兄が居りましてね。安田牛乳店というそこの店に暫く泊まり込んでいました。ちょうど、6カ月間ほどでした」と、カバさんが述べた。

《ほうー》というように、聞いている二人の声がした。

「それで……、何かをされて居られたというわけですか」

　お酌をしながら、ホーセンさんが伺った。

「そうです。殆ど言ったことは無いですが、実はアメリカの大学に留学するための資金稼ぎに、義兄のその牛乳店で牛乳配達のアルバイトをしていました」

「そうですか」

「だから、川口社長が名古屋から研究会に参加されると聞いて、とても嬉しかったんですよ」

喜んだのは、川口である。先ずは一献とお酌をして乾杯をした後、次のように述べた。

「そうだったのですか。それなら、蒲島先生は名古屋で仕事をされた大先生ですね」

「その通りです」と、ホーセンさんが相槌を入れると、川口社長が改めて口を開いて述べた。

「そのうち、是非とも名古屋にお出で下さい。アメリカでの、ご経験を踏まえて私どもの経営に活を入れてください。ご講演をお願いしたいですね。先生がアルバイトをされて居た頃とは、多分名古屋も変りました。でも、人情の機微は昔も今も変わりません」

これに対して、カバさんが応えた。

「そう言っていただくと、嬉しいですね。確かに、アルバイトとはいっても、名古屋で仕事が出来たお蔭で、私はアメリカの大学に入ることが出来ました。ハーバードに行けたのも、元はといえば名古屋の義兄が私の渡航資金などを、アルバイトで提供してくれたからです。だから、とても恩義を感じています」

カバさんは、まじめにそう述べた。

前述のとおり、カバさんは農業研修から一旦帰国した時、一年後の本格的な留学に備えるために、どうしても解決しなければならない三つの難題を抱えていた。その一つが、最低約三十五万円の渡航費用であった。

こうして、かつて義兄の元で牛乳配達のアルバイトをしながら、向学心に燃え頑張ったカバさんこと蒲島教授の思い出が、彼の心の中にふつふつと湧いてきた。社長の川口とホーセンさんは、そのカバさんの思い出話をたっぷりと聞きながら、この日は深夜まで長々と懇談が続いたことは言うまでもない。

社長の川口文夫は、しばらくしてカバさんを正式に名古屋に招き、改めて親しく懇談した。

さて、六十才で社長になり、当時電力業界で最も若いと言われたその川口文夫だが、彼もすでに七十を越し中部経済連合会会長や、その他の公職も十二分にこなしたうえ、現在は若者の教育などになお熱心に取り組んでいる。

その一つに、トヨタ自動車の豊田章一郎名誉会長が中心になって設立した中高一貫校の

名古屋の風景

「海陽学園」がある。同学園は、これからのグローバル化時代を担う若者を、しっかり逞しく育てていこうというのが目的であり、川口文夫は豊田章一郎学園理事長を補佐する、三人の副理事長の一人として、親身に必要なアドバイスを行い元気に活躍している。序ながら、他の二人は、同じくトヨタの張富士夫名誉会長と葛西敬之ＪＲ東海会長である。

さてカバさんは、名古屋の義兄安田勝雄の下に住み込み、約六カ月間懸命に牛乳配達をして、三十七万円を貯金することが出来た。片道切符代を払うと五十ドルが残った。

⑤ＳＡＴへの挑戦

農業研修の最後に三か月間の学習で開眼したカバさんが、再度アメリカに戻り、大学への留学をし得るための条件の二つ目が、英語をマスターすることだった。それは、アメリカの大学に入るための、一般的な資格試験「ＳＡＴ」をクリアーするために、最低限必要な条件だった。別の言葉で言えば、アメリカ人と殆ど同じレベルで、言葉を理解しなければならないということである。

もちろん、カバさんは農業研修授業の折の、研修担当だったフーバーさんが、通訳にしても良いというぐらいだから、僅か一年半ではあったが、それなりに言葉を覚える努力をしていた。だが、いくらカバさんが優秀でもネイティブの若者と比較すれば、カバさんの英語能力は劣っていた。最大の違いは、語彙力である。すでに、カバさんは、アメリカ人との会話では殆ど苦労は無かった。しかし、どれだけ英語の単語を知っているかというと、相当な開きがあった。普通の会話に差支えが無いという日本人の英語の語彙力は、せいぜい二千語ぐらいだろう。

これに対して、ネイティブの高校生は少なくとも、その三倍から四倍は身に着けている。とすれば、カバさんは懸命に努力して、単語をより多く覚えて、彼らの水準に早く追い付くしかない。

序ながら、今ホーセンさんの手元に「SAT・TEST英単語集中マスター」というような本がある。その本を開いて一、二の例示を示してみよう。

［迎合する・ほのめかす］

ingratiate insinuate inveigle flatter

［貧乏な・貧窮の］

indigent penurious opulent pecunious

［賢明・明敏］

sagacity perspicacity prudence sapience

［頑固な・冷酷な］

adamant inexorable obdurate impervious

［万能薬・伏魔殿］

panacea pandemonium precursor prowess

ほんの一例に過ぎないが、こうした項目がこの本に五百ある。多分カバさんは、毎朝牛乳配達をしながら、英語の語彙力の向上に懸命に取り組んだことだろう。

フィアンセにアメリカでの結婚を約束

——退路を断つ厳しさこそ、成功の秘訣

カバさんが三つの課題のうち、帰りの飛行機の中で最も困難と思われたフィアンセ富子との約束を、どのようにクリアーしようかと悩みに悩んだ後、出て来た一つの結論があった。それは、「退路を断って、覚悟を決める」ということであった。

ホーセンさんが、カバさんと付き合いながら何回にも亘って、彼のドキュメントを勉強しているうちに、気付いたことがあった。それは何かといえば、カバさんという人は、稀に見る「自ら崖っ淵に立つリスク」に賭けて、しかもそれを乗り越えることが出来るという、大変な能力を持っているということだった。言ってみれば、《限界値を超える手段》を持っているという点が、カバさんたる所以である。

具体的に指摘すれば、彼は目標を設定し、それを解決しようとするとき、必ず自らの行動に対し、「退路を断つ」戦略を立てしかも厳しく実行していることである。

そのことは、この後彼が留学してからハーバードを卒業するまでの間に、何回かその実例を紹介することになる。

そういえば、先ほどのSATへの対応も英英辞典を離さず、退路を断って努力しているし、留学資金調達も牛乳配達に脇目も振らず特化しながら、同じく退路を断って頑張っている。

郷里の熊本県鹿本付近の風景

こうしてカバさんは、成功の秘訣を《退路を断つ》というギリギリの手段で、克服するという限界値を超える方法を、自ら身に着けていたのである。

農業研修生として先に訪米した際には、まだ全くメールとか携帯電話などという情報手段は皆無だった。国際電話など考えもしなかった。このため、カバさんは何に頼っていたかといえば、フィアンセとの絆は、間違いなくお互いが頻繁にやり取りした手紙だった。

こうして、その手紙のやり取りの結果が、「日本に帰ったら結婚しよう」という約束だった。カバさんの新たに大学に入るための留学の意思決定は、完全に彼女との約束を反古にすることになる。カバさんは富子に、「まず先に再渡米し、生活の基盤を確立したらアメリカに呼ぶので、結婚しよう」と説得した。

後で触れることになるが、彼は、約半年後に再渡米し、大きなドラマの展開を経て、フィアンセ富子に約束したように、次の年の四月に、ネブラスカの教会にて、花嫁富子を呼び寄せて結婚式を挙げることになる。

第三章　オール5の世界

1・たったの五十ドルを握りしめ

カバさんこと蒲島郁夫とは、すごい男だと感心するのは、上述の通り若いころから何時も退路を断って後下がりが出来ないように、自分を追い詰めて行動する術を身に着けていた。単に身に着けていたというより、いざという時の決断のスピードとその判断力には驚ろかされる。正にそうしたギリギリの行動を、果敢に進めてきたことカバさんが、二十四才の時の再度アメリカへの留学行動に示されている。

先ずは、旅費の調達である。名古屋の義兄の下に住み込み六か月間懸命に働き、三十七万円程度を蓄えることが出来た。

こうして、自ら退路を断ってカバさんは、先ず渡航資金を確保し、次いでフィアンセを納得させ、昭和五十六年一月に日本を出発した。

カバさんが、航空券を購入すると、後は二万円程度しか残らない。アメリカに渡航するためには、パスポートとビザが居るが、それはすでに経験があり早めに外務省に出頭して手続きを済ませていた。ところが、日本からの金銭の持ち出しについては、当時日本銀行が監督官庁の役割を持っていた。

カバさんは、電車賃などを差し引いた残りの一万八千円をドルに換えるため、日本銀行の名古屋支店に出かけて行った。

この時分は未だ海外旅行者も少なく、順番を待つ必要はなかったが、カバさんはこの時、何分気まずい思いをした。もちろん、パスポートとビザを揃えて、ドルの申請をした。

すると、窓口の男性が怪訝な顔で、カバさんに質問した。

「えーと、申請はこれだけですか？」

「はい、一万八千円です」と、カバさんが述べる。航空券を購入したら、資金はそれしか残らなかったのである。

その男性が、ちょっと呆れたような顔で尋ねた。

「あなたは、アメリカに行かれるのでしょう・・・この一万八千円だと、五十ドルぐらいにかなりませんが、それだけでいいんですか。もっと、多く持っていけるんですよ」

カバさんは、赤くなってはにかみながら述べた。

「すみません。これしか持ってないんです。」

窓口の男性がいうように、出来ることならもっと持っていきたかった。しかし、他に手段はなく、「これで、何とかする」と自らに言い聞かせるしかなかった。

2・夢の実現に向け、一九七一年一月再渡米

カバさんが、留学のため再渡米する頃、すなわち終戦の年から約半世紀が過ぎた世界と日本は、どういう状況だったか。

アメリカはこの年の二月、ニクソン・ドクトリンを発表して、対共産主義政策を強化し、同時に西側の同盟強化を呼びかけた。しかし、中東・パレスチナや中国の国境地帯のアジアでも、民族独立の動きが一層活発になり出していた。そして、中国が四月に人工衛星を打ち上げる中、五月一日遂に米軍がベトナムへの空爆を再開した。一言でいえば、戦後超大国アメリカが世界政治の秩序を維持してきた方向が、徐々に崩れ去る兆しが見え始めていた時期であった。しかしながら、未だ世界経済は家電製品や自動車などの技術革新も進み、高度成長の中にあった。

日本はどうだったか。二十五年目の昭和四十五年（一九七〇）の暮れも近い十一月二十五日、三島由紀夫が市ヶ谷の自衛隊駐屯所で割腹自殺を遂げる。そして、カバさんがごく最近熊本県知事として控訴断念の決断をした、チッソ訴訟の始まりが、この時期に現

れていた。すなわち、三島事件から三日後の二十八日チッソの株主総会に一般株主が大勢参加し大混乱となる事件が起きた。東京・大阪など大都市の硫黄酸化物（ＳＯＸ）や窒素酸化物（ＮＯＸ）の高まりで、光化学スモッグやダイオキシンなどの健康被害が発生し、大きな社会問題となりつつあった時期である。政府は、公害環境問題の高まりを受けて、十二月二十八日環境庁の設置を閣議決定した。

ちなみに、この時から三年後昭和四十八年（一九七三年）三月二十日、熊本地裁が初めて水俣病患者の認定について、患者側の全面勝訴の判決を出している。さらに、十月一日に第二次中東戦争が起こりＯＰＥＣが日本を含む先進国への石油の輸出禁止を発表したため、石油の値段が急騰。オイルショックが発生し、トイレットペーパー騒動が起きている。

その二年前の、一九七一年（昭和四十六年）に話を戻そう。正月の挨拶もそこそこに、カバさんはフィアンセの富子にアメリカへの出発を連絡し「直ぐに連絡するから、心配しなくても良い」と伝えていた。そして、昭和四十六年（一九七一年）一月、羽田空港から、待望のアメリカ留学に向けてカバさんは出発して行った。

後日談だが、カバさんは、この時から殆ど毎週のようにフィアンセの富子に、アメリカの生活の様子を手紙で報告することを、自分に義務付け実行した。そして目出度く、一年三か月後の一九七二年四月に、後で詳しく述べるとおり大学の先生たちや同僚の学生に祝福されて、盛大な結婚式を挙げることになる。

3・ハドソン先生に助けられてネブラスカ州立大学入学

カバさんは今から四十四年前の一九七一年一月、羽田を発って、早くもフーバーさんに再会した。

カバさんことアイクの蒲島郁夫が、目の前に一年前よりもずっと逞しくなって現れた時には、感激して「やー、アイクよく来た」と言って抱き付いて歓迎の意を表わしてくれた。

四回生の研修生の通訳が始まったのは、再渡米一週間後である。アイクは肉牛コースの通訳を担当した。講師は、大学院で博士課程に在学中のハドソン先生であった。大学院生といってもハドソン先生は、兵役を退役し遅れて大学院に入ったので、既に高校生の娘がいる年齢だった。このハドソン先生との出会いがなければ、アイクのその後の人生はありえなかっただろう。語学力が不十分ながらも、学科研修の通訳を無事務めることができたのは、講師のハドソン先生の優しさによるところであった。なるべく、ゆっくりとわかりやすい英語を選びながら講義をしてくれたおかげで、アイクも難しい畜産学の講義をどうにか通訳することができたのである。

さて3カ月があっという間にすぎて、SATの試験の日がやってきた。アメリカの大学入試は、3つの要因できまる。SATの成績、高校の成績、高校の推薦状である。卒業した鹿本県立高校三年間の成績は、最悪でほとんどが「2」であった。それをそのまま翻訳すると「D」ランクになり、アメリカでも合格点にはるかに達していないものであった。

同じく高校からの推薦状も、英文で書いたものだから、ネイティブのアメリカの試験官から見れば、余り立派なものでは無かっただろう。SATの場合、英語と数学の二科目である。数学はもともと得意でなかったし、英語の科目もアメリカの高校生が受けるレベルのもので、散々な成績だっただろう。

よって案の定、不合格の通知が来た。アイク自身も、自信が無かっただけに仕方がないと思った。アイクの夢は、一瞬にして消え去った。

そのことをハドソン先生に、アイクが傷心の中で報告に行った。

落ち込んでいるアイクを、じっと見ていたハドソン先生が、つと立ち上がった。

「アイク、しばらく待っていなさい」

一時間はハドソン先生の部屋で、仕方なく待たされた。すると、間もなくして戻って来たハドソン先生が、部屋に入るなり「OKだ、アイク」といって強い握手をしてくれた。

ハドソン先生は、試験官に「アイクは、日本から来たとてもやる気のある青年だから、彼にチャンスを与えるべきだ。きっと彼なら、ネブラスカ大学がチャンスを与えたことに、立派に応えてくれると思う」というように、最大限の推薦の言葉を述べてくれた。それに対して、入試担当官は、六カ月間の様子見入学の措置をとってくれた。様子見入学とは、一学期の成績が悪ければ、大学に残れないということである。

アイクは、このことをいの一番に、フィアンセの富子に知らせた。

4・水面下からのスタート

こうしてアイクこと青年蒲島は、農業研修の担当教官ハドソン先生とSAT入試担当試験官という二人の賢人に助けられて、めでたくネブラスカ大学農学部に入学を許された。

アイクこと蒲島郁夫という青年は、すでに考え方がアメリカの現場の環境や習慣に溶け込んでいたのだろう。彼は二人の賢人がチャンスを与えてくれたこと、それに応えなければ意味がないと心に誓った。そうした気持ちの持ち方が、すでに出来上がっていた。それは、彼の持って生まれた天性というか、覚悟の持ち方であろう。

したがって、普通の日本人の感覚からすれば、大学に入学できたといっても、未だ正式な合格ではないし、何となく引け目を感じることだろう。

だから、ネブラスカ大学の門をくぐる時も、頭を下げてこそこそと歩いたりするだろう。ところが、アイクの場合は全く違っていた。

先ほども述べたが、彼は同じスタートラインに立たせてくれた人たちに、懸命に努力して恩返しをしなくてはならないと寧ろ考えていた。彼は《頑張るぞ》という気持ちで沸き立っていた。だから、入学の初日から、堂々と胸を張って大学の門をくぐった。しかも、誰よりも一番早く教室に現れ、もちろん一番前に座る。

彼が大学生になって気付いたのは、その教科書の分厚さである。農業研修生として渡米する前のアイクこと蒲島だったら、その分厚い教科書を見た途端に、くじけてしまっただろう。しかし、学ぶことに目覚めたアイクにとっては、やりたかった勉強が思いっきり出来るという喜びで、むしろ教科書は分厚い方が嬉しいとさえ思えるようになっていた。

翌日のための予習を、しっかり行うことも怠らなかった。また教室には、テープレコーダーを持ち込んで録音し、夜寝る前に何度も聞き返して復習した。その上で、翌日の予習を怠らない。こうしてアイクは、教科書をしっかりと読み込んだ。

通訳の仕事をしていたとはいえ、ネイティブのアメリカ人の同級生に比べたら、語学力は未だ大きなハンディがあると、アイクは考えている。しかし、アメリカの賢人がチャンスを与えてくれた。正に水面下、ゼロからのスタートであり、しかも成績が悪ければ、即座に大学を去らねばならない。そうなると、フィアンセの富子との約束も果たせない。

こうして言ってみれば、崖っ淵に立った積もりになってアイクは、掴んだこのチャンスを逃したら、「自分の人生は終わり」という覚悟で、必死に授業に食らいついたのである。

しかもすでに述べたように、彼が航空券の片道切符で、羽田からアメリカに来た時、ときかく五十ドルしか持っていなかった。だから、彼は生活のためには、学業と並行してアルバイトも続けるしかなかった。通訳の仕事が終わった後は、ハドソン先生の肝いりで農務省の農場での作業などを行った。大学の実験農場でもアルバイトをした。農場は、実験のためとはいえものすごく広い。この作業を終えた後、アイクは家に帰り、深夜まで勉強をする。並みの人間であれば、一週間と持たずにくじけてしまうだろう。

アイクは、上述のような崖っ淵に立ったつもりで、必死に頑張った。体力には、アイダホの牧場での、農奴のような厳しい生活が自然に強靭た体力づくりをしてくれていた。勉強の方は、これまた百二十%の準備をしてくるという、万全の姿勢で臨んだ。

そして、この「百二十%方式」は、その後アメリカから帰国して大学の授業と研究の場合もそうだったが、最近の知事という政治の実践においても、これを貫き続けている。《準備》こそ、彼の基本姿勢であり続けている。

5・努力が実って一躍特待生　――奨学金を得て結婚も可能に――

アメリカの大学の授業は、日本のように講義を聞くだけではない。あくまで指導者である先生が出したテーマに沿ったディスカッションとディベイトである。そして自分の意見を纏めることである。それに加えて、中間テストと期末テストが行われる。こうして、一九七一年九月に仮入学生としてから六か月間が過ぎて一学期が終了した。

アイクの成績結果が、驚くなかれすべての科目で「A」を取得していた。アメリカでは、これを「ストレートA」という。同時に、これを取得した者は、特待生という評価を受ける。同級生三百七十五名中、ストレートAを取った者は、十名だった。アイクこと蒲島郁夫は、その中に入ったのである。すごいことを、成し遂げたのである。

「日本から農業研修生としてやって来て仮入学していた蒲島が特待生」というニュースが学内新聞に報じられた。もちろん、一番喜んだのはジョー・ハドソン先生だった。

そして、アイクの身に奇跡が起きた。

第一に特待生は、州内の学生の分の授業料が免除される。それに、特待生には必修科目を取る必要ない。だから、好きな科目を履修できる。アイクは、天文学なども履修することが出来た。

また自主的に、自分のカリキュラムが組めるし、指導教官を自由に選べるというすごい特典が付いた。

このアメリカ流のエリート教育が、アイクを数年後に全く畑違いの政治学を学ぶため、ハーバードに導く素地を創ってくれたと言えるだろう。こうして、彼は、アメリカという自由な国で、日本に居てはとても叶えられなかったような、自らの努力さえ在れば学問を徹底的に究められるという、素晴らしい幸福なチャンスを掴むことに成功したのである。

結婚式での蒲島夫妻

また、必修科目がないということは、自分で自由にカリキュラムが組めるので、仮にアルバイトをしようと思えば、その時間を有効に作ることも可能になる。こうして彼は、いよいよフィアンセをアメリカに呼び寄せ、結婚できると考えた。

そこで、アイクことカバさんは、手紙を書いた。結婚の準備が整った。来てくれという趣旨の内容だった。

結婚披露パーティ

こうして、待たせてしまったフィアンセの富子に、出来るだけ早く来てもらい、早々に結婚しようと決心した。そこがまた、アイクの普通の日本人にはとても真似のできない素晴らしさがある。逆転の発想と言っても良いだろう。
日本の常識では、例えばＭＢＡを取得するために留学する場合、単身留学が当然であり、夫婦同伴で留学などは勉強の妨げになるので無理だと言われる。
ところが、アイクは逆に確かな生活をしながら、勉強をしなければ効果が上がらないと考えた。

「夫婦で協力すれば、成果は倍になる」

ネブラスカ大学農学部に入学し、その一学期の成績が、オールAで三百七十五人中十番以内に入り特待生になったこと。このため、授業料が免除になりかつ二か所から奨学金が貰える。アルバイトも出来る。ついては、住居を含めすべて用意しておくから、出来るだけ早々に来てもらい、大学で結婚式を挙げたい。

アイクことカバさんの手紙を受け取ったフィアンセの富子は、早速勤めていた県庁に退職願いを出すと同時に、忙しく渡航の準備を進めた。アイクは、手紙で何も持たずに、手ぶらで来いと言ってきたが、万一のことを考えて持ち出しができる枠いっぱいの三千ドルを持っていくことにした。そうして、ネブラスカのアイクが待つ大学の近くのアパートにやって来た。一九七二年の春だった。

一方アイク自身も、通訳のアルバイトと、大学の準備で忙しかったが、フィアンセがやって来た時に満足してもらおうと、必死で家財道具を揃えた。何も持たずに来るようにと、大見得を切った以上は、それなりに責任がある。アイクに取っては、正に勉強以上に大変だったが、新しい生活の準備に懸命に努力した。

6・州副知事も出席した結婚式

結婚式の準備は約二か月程度だったが、ハドソン先生一家はもちろん研修生たちが熱心に協力しかつ盛り立ててくれたので、手づくりだがとても信じられないくらい盛大な結婚式が挙行出来た。

結婚式場は、市内の教会だった。妻になるアイクのフィアンセ富子の父親代わりには、ハドソン先生が勤めてくれた。ハドソン先生が、フィアンセの手を取ってバージンロードをゆっくりと進む。

かつて研修生の授業を担当していたドーン先生も、しっかり協力してくれた。先生の五歳になる可愛いい愛娘エミー嬢がバージンロードに花を撒くフラワーガールをやってくれた。

さらに、ネブラスカ州の副知事フランク・マーシ夫妻が、忙しいスケジュールを調整して出席してくれた。副知事は満面の笑顔で、蒲島夫妻の誕生を心からお祝いするという意味の、素晴らしいスピーチをしてくれた。

実はマーシ副知事が、以前この州立大学の授業を視察に訪れた折に、アイクは副知事に、近い将来結婚するかも知れないと話した。

すると「それは、おめでたい。その時は、声を掛けてください。都合がよければ出席します」と述べた。

よく考えれば、単なる一学生との偶然な会話であるから、政治家の社交辞令と考えてもおかしくない。しかし、アイクは単なる雑談だったとはいえ、とにかく招待状は出しておいたが、まさか本当に来てくれるとは、正直言って余り考えては居なかっただけに、マーシ副知事の出席にとても感激した。

また、教会の牧師は、アイク夫妻が貧乏学生であることをよく知っていたので、一切費用を受け取らなかった。

さらに教会に飾ってあった美しい花のすべてを、この結婚式に提供するように、取り計らってくれた。もちろん披露宴にも牧師は出席してくれた。そして、新婚のアイク夫妻に、銀の縁取りのある一輪押しの花瓶を贈呈してくれた。

ホーセンさんもこの話を聞きながら、アメリカはすごい国だと再認識していた。すでに述べたように当時のアメリカは、東西冷戦が激化し、ベトナムへの北爆を再開していた。中国をはじめ新興国が台頭すると同時に、中東をはじめとするＯＰＥＣ諸国も、アメリカを中心とした先進国に矢を向け始めていた、言ってみれば世界が世紀末の混乱に入りこむ直前だった。それでもなお、アメリカという国は外国からやって来た人材を預かり、しかも奨学金まで出して育てるという、とても立派な国だということが理解できる。

そういうことを考えてみると、アイクこと蒲島知事が日本を離れてしっかりとグローバルな立場で、世の中の動きを洞察するためアメリカに留学したということは、実によい人生の選択をしたと、感心するばかりである。

7・僅か毎月二百ドルでやりくりの日々

さてそれから後の、アイクこと蒲島夫妻の新婚生活の苦労話に移ろう。とにかくこのお二人は、なかなか真似の出来ない大変な一家である。というのは、ネブラスカ大学の学生時代に長女と次女が生まれ、ハーバードで三女に恵まれている。恵まれているというと、とてもかっこいいが、なにしろ学生の身分で一家五人がよくも生活出来たものだと、驚き感心するばかりである。

今や県民の最大幸福値は何かを、懸命に追及している知事という政治家に取って、幸福とはお金だけではないことを、彼は身をもって体験してきた人だと思うのである。

グローバリゼーションが一層深化していく現代である。このため情報の種類もその伝え方も、また世の中の変化もますます膨大に、かつスピードを速めつつある。しかし、アイク夫妻が四十年前に飛び込んだグローバリゼーションの本拠地アメリカでの苦労話は、これから海外に雄飛するのが当たり前になる時代に、日本の若者たちにきっと参考になると考える。

さて、その二人の幸福な苦労話を始めよう。

「私たちの新婚生活は、貧乏所帯故に、周りから見るととても大変だなあと思えたかもしれない。しかし、私たち二人に取っては結構楽しんでいたところもある」

これは、アイクこと蒲島郁夫が「運命――農奴から東大教授までの物語」（三笠書房）という自伝の中で、いみじくも述べている言葉である。

何しろ二人は学生の身分である。夫妻の話によれば、当時の生活費は毎月約二百ドルだったという。要するに、当時の日本円の交換価値（一ドル＝約三百円）が、おおむね妥当な交換価値だとすれば、おおむね六万円で暮らしを立てていたことになる。これは、真実の話だから驚く。とても、今の若者には真似が出来ないと思う。

この耐乏生活は容易ことではなかったと思う。しかもそれで、夫婦で暮らすのだから驚異的である。確かに大変な新婚生活であり、はっきりいえば新婚どころの騒ぎではない。

しかも、そのわずかな生活費二百ドルの中から、教科書だけは全て購入したというから呆れる。一体どうやって毎日を暮したのだろうか。それは、後ほど述べる。

余談だが、アイクこと蒲島が知事に当選した時のマニフェストに「知事の月給を百万円カット」というのが、県民の目を引いた。実際にそれを実行した。したがって、百万円差し引いたこの時の知事の月給は、二十四万円であった。実質は十四万円であったという。このことが、学生時代の毎月六万円の生活という苦労と重なる。

それにしても二百ドルというのは、どこから支給されたのか。それは、前に述べたとおり、ストレートAで特待生になったアイクに対する二か所から出るスカラシップ（奨学金）とアルバイト代である。授業料は、特待生だから免除の特典がある。だが、これも細かく言うと、アイクに取っては少し負担がある。それは、この大学はネブラスカ州立だから、この州出身の学生とそれ以外とは授業料に差を付け、州以外の学生の授業料は二倍に設定されていた。だから、アイクは外国人であるから、半分は免除だがあと半分すなわち結局州内の学生と同じ額の授業料は支払わされた。それも二百ドルの生活費に掛かって来る。

とても、奨学金だけで持つ訳がない。フィアンセを日本から呼ぶ時、奨学金が貰えるので安心だと大見得を切ったが、現実はそれだけでは何とも出来なかった。結局アルバイトを懸命に行うしかない。

では、一体どうしたのか。やはり、アイクが二人で留学の目的を達成するのに、ベターだと考えて二人三脚でやろうと決断したのは正しかったと言える。

富子夫人は、考えた。衣食住を何とか出来ればよい。衣類と住居は何とかなっているので、先ずは食卓を少しでも豊かにし、夫婦が飢えることが無いようにしなければならないと考えた。その上で、あらゆる工夫をし始めた。日常生活に慣れてくると、例えば彼女はスーパーマーケットで大豆を買い、その大豆で豆腐などを作っていた。

これは、ハーバードに行ってからの話だが、彼女は大豆で納豆を自家生産しようと考えた。先ず大豆を茹でる。茹であがった新鮮な大豆を、紙コップに入れる。次いで日本食品店で納豆をワンパックだけ買って来て、その納豆を四分の一ぐらい入れる。それで、納豆菌を増やすのである。

次いで、今度はそれをヨーグルトを作る電熱器に掛けて一晩置いておく。すると、翌朝には納豆が、立派に出来上がる。

他にも、種々の工夫をいとわずおこなって行った。アイクは、こうして富子夫人のすご

ネブラスカ大学での研究風景

い内助の功に支えられて、二人三脚で元気に研究に没頭することが出来た。それに、同時に二人の睦まじい愛の印として、間もなく長女が誕生したのである。

8・豚の飼育アルバイトと泥棒騒動

失敗は成功の元という諺の通り、仲睦まじいアイク夫妻の学生生活にも、見事な失敗例がいくつかあるようだが、ここでは一つだけ紹介しておこう。

序ながら、ノーベル生理学・医学賞の中山伸弥教授は、受賞のインタビューの中で「九回失敗しないと一回の成功はやってこない」と話していた。確かにそうではないだろうか。こうしたことを前提に、アイク夫妻のエピソードを紹介してみよう。それは、豚の飼育中に起きた話である。

アイクのメインの研究は、生理学に結び付く「豚の精子保存」という研究テーマであった。一言でいえば、豚は他の哺乳類の牛や馬と比べて、品種改良のための優良精子の保存がなかなか難しく、ネブラスカ大学農学部では重要な研究テーマの一つになっていた。アイクという優秀な人材が入学してきたので、彼に白羽の矢を当てたのは、アイクが指導教官に選んだジーママン先生だった。

指導教官ジーママン教授が、研究材料用に豚を養っている農場が、大学の構内にあった。しかもその農場の一角には、多分そうした農場の監視と管理作業員のための住まいとして建てられたと見られる古い農家が一軒ポツンと建っていた。もちろん相当な年代物で、誰も住んでいなかった。アイク夫妻は、それに目置付けた。市内にあるアパート代を、何とか切り詰められないかと考えていた矢先である。アイクが農場の面倒を見るアルバイトを、指導教官にお願いした。

「アイク、君は良いところに気付いてくれた。実は実験用の豚の面倒を見てくれる者を探していたんだよ。君もその豚で研究するのだから、是非頼みたいね。農場の中にある家は、誰も使ってない家だからタダでいいよ。だが火の用心には気を付けなさいよ」

こうして、アイク夫妻は、二年生になった時からその農場の中の一軒家に住むことになった。アイクは、家の周りの結構広い土地を、耕し始めた。大学からトラクターを借りて来た。こうして耕した場所に、きゅうり、大根、インゲン、オクラなどを植え、間もなく成長すると立派に豊かな食材として活用できた。ただし、キャベツやレタスは、野ウサギがどこからともなくやってきて、平らげてしまったこともあった。

そんなある日、とんでもない事件が起きた。原因は、アイクのちょっとした油断であった。

夏の暑い日だった。アイクは研究室の友人と、近くの湖に釣りに行った。その日はいつもよりも釣れたので、かなり長く釣り場に居たため、急いで帰ったつもりだったが、やはりかなり遅くなってしまった。

アイクが気になっていたのは、毎日日課になっている豚の飼育に欠かせない給水と飼料の補給だった。夏であるから、特に豚の飲料になる水が無いと、水枯れで死んでしまうことがある。これには、最大限の注意が要る。アイクは釣った魚はどうでもよくなってきた。夜道を走るようにして急いだ。

陽がとっぷりと暮れかかった頃、漸く現場に駆け付けた時は、何時もの飼育時間より三時間以上は既に遅れていた。あっちこっちの豚小屋から、悲鳴のような鳴き声がしてくる。

アイクは、トラクターに急いで水タンクをつなぎ、農場の隅々の給水用タンクに水を満たしていった。夫人も慌てて手伝った。農場は、照明がなく暗く、水を求める豚の鳴き声は大きくなっていた。そうした中で、トラクターのヘッドライトの光だけを頼りに作業を行った。

「そうだ、子豚が生まれたばかりだが、その分娩室も見なきゃ」

そういって、アイクと富子は研究室の一角にある分娩室に急いだ。

小屋の灯りの後ろに、大きな人影が映った。

びっくりして二人が後ろを振り向くと、銃を構えた男が「そこを動くな」と言った。

「そこで、何をしているのだ」

そういって、銃を突きつけたまま、険悪な顔つきで詰問してきた。

二人は、すっかり豚泥棒と間違えられたのだった。驚くというよりも、拳銃を突き付けられたので震え上がった。

この人は、ユニバシティ・ポリスといって、大学が警備のための雇っている警官だった。

アイクと富子が、事情を説明したがなかなか理解してくれない、そうこうしているうちに、騒ぎを聞きつけて指導教官のジーママン先生が、駆けつけてくれた。

先生の話を聞いて、警官もやっと納得してくれたので、事なきを得た。

実際は、以下のようなことだった。

普段と違って、数時間遅れでアイクが富子夫人に手伝って貰い、慌てて豚小屋に給水を始めたため、普段とは異なる物音が周りにし始めた。広い大学の農場の一角ではあるが、陽も落ちて周りが静かになった頃だから、物音はかなり遠くまで伝わる。

しかも、トラクターからの給水の音に混じって、豚の鳴き声が響く。多分給水を待ちわびたていた豚が、喜びの声を挙げていたのかも知れない。だが、この時ならぬ物音は、近所の住民にとっては豚泥棒と思われたのだろう。

この蒲島郁夫の指導教官だったジーママン教授は、彼を育ててくれたアメリカの賢人の一人である。同教授は、特にアイクの豚の精子の論文を評価し、アメリカの重要な学会誌に共同で研究要旨を掲載してくれた恩人でもある。

第四章　ネブラスカからハーバードへ
——豚の精子の研究から政治の研究へ

1・古いものを大切にする伝統生かすアイク

アイクこと蒲島郁夫を、心から可愛がり育ててくれた指導教官のジーママン先生が、やがてあと半年でアイクが専門課程を修了しようとするとき、彼を特別に部屋に呼んで述べた。

「アイク、君は素晴らしい青年だ。優れた畜産学の研究者に成れると思う。是非、大学院に進んでみないか。」

アイクに取っては、この上もない素晴らしい話である。もちろん、心からの感謝の言葉を述べた後、アイクは申し訳ないと次のように述べた。

「先生のお言葉は、この上もなく光栄なことです。しかし、アメリカでこうして教育を受けているうちに、人間は如何に自分が求める道を進むことが大切かを悟りました。ジーママン先生から、教えていただいたことです」

いったん切って、次のように付け加えた。

「私には、日本を発つ前から三つの夢がありました。一つは牧場を経営することです。二番目は、政治家になることです。三番目が、小説を書くことです。しかし、日本からアメリカに渡って勉強させて頂いた結果は、日本の牧場はアメリカとは全然桁違いに小さいことが判りました。小説は、そう簡単に書けません。今一番重要なのは、このアメリカと協力しなければならない、日本の政治の行方です。その政治を是非、残りの留学期間で学びたいと思っています」

こうして、アイクという愛称の名付け親の元を離れて、いいよ「豚の精子の研究から、政治の研究へ」と方向転換していくことになる。

アイクは気持ちよく応じてくれたジーママン先生から、推薦状を貰って幾つかの大学に、入学の申請をした。三つの大学とは、ハーバード大学、ウイスコンシン大学、コーネル大学だった。

ハーバード大学は、授業料全額免除とアイクの生活費支給という極めて良い条件を提示してくれた。ウイスコンシン大学の農業経済学部も、同様の条件だったが、アイクがハーバードにも合格したことを知り、ハーバードを超える条件を学部長自らが提示してきた。優れた大学院生を確保したいという大学の姿を初めて目の当たりにした。コーネル大学は、合格したものの奨学金が伴っておらず、対象から外した。ただ、後述するように、アイクの人生でコーネル大学との関わりも深いものがある。最終的にハーバード大学政治経済学コースに進路を定め、ネブラスカ大学を離れることになる。

序ながら、間もなくしてアイクが親しく交流することになる五百旗頭真がいたそのハーバードのライシャワー研究所には、その数年後に坂東真理子がフェローとして二年間留学している。坂東とは、いろいろな用事で時々面談する。その坂東が、現在日米研究所の所長を務めている、スーザン・ファー教授を連れて来た。そして、カバさんこと熊本県知事と面談した。この時、スーザンにはかっての五百旗頭やアイク同様に、大変お世話になったと述べていた。

左からスーザン・ファー氏、カバさん、坂東氏

2・ネブラスカに別れを告げるアイク一家

ネブラスカ州の首都リンカーン市に、州立ネブラスカ大学農学部はある。アメリカ合衆国五十州のちょうど真ん中に位置する、高原地帯である。これに対し、これから引っ越す

先のマサチューセッツ州のケンブリッジ市は、正に東部の大西洋に面した都市である。気候も違えば、風土のカラーも異なるだろう。

アイク一家は、リンカーンを引き払っていよいよ、出発することになった。目的地は、約二千五百キロぐらいは離れている場所だ。日本列島の沖縄から北海道ぐらいの距離である。だから、普通なら荷物は航空便かトラックで別送し、アイクたち四人は国内便で行けばよいはずだ。しかし、貧乏学生夫妻にはとてもその余裕は全くなかった。

蒲島一家は、350ドルで購入したクライスラーに、荷物用のトレーラーを付けて、延々と大陸を横断するしかない。これまた、すごい決断である。

ハーバード大学では、今までとは、全く畑違いの政治経済学を研究することになる。しかも、この分野で世界の頂点に立つといわれるハーバードで、無事博士号を取得できるかどうかは、全く保障されていない。すべては。本人の努力と能力に掛かっている。

したがって、普通に考えれば四年間培ったネブラスカ大学での知識と経験を生かして、次のステップに進むことを考えるだろう。しかも、せっかく指導教官のジーママン先生も、「君は研究者に向いている。僕の研究室に残らないか」とまで言ってくれている。

しかし、前述の通りアイクは自分の夢を求めて、ハーバードに行くことを決心した。前にも書いたように、彼の特徴は人生の転機を迎えた時に、目先のことに囚われず、自分が目指す夢の実現に向かってまっしぐらに進むことである。当然に困難な課題が待ち受けているが、それを切り開いていくのは、結局は自分の任務だと考えているところだ。

とにかく賽は投げられた。まずは、ポンコツ・クライスラーに乗って、妻と幼い子供二人を乗せ無謀な何と二千五百キロ以上もある、アメリカ大陸横断の旅が始まるのである。

3・夢のハーバードを目指してはるばる二千五百キロの旅

さて、ネブラスカ州の首都リンカーンを出発したアイク一家は、いったいどうやってハーバード大学の所在地、東海岸のマサチューセッツ州ケンブリッジに到着したのか。

（一三九頁の地図参照）

アイクこと蒲島郁夫・富子一家がネブラスカを出発する時、見送りに来た人たちは、本当にあのポンコツ車で二千五百キロも離れた東海岸、大西洋に面したケンブリッジまで到達できるのだろうかと訝ったし、フーバーさんやジーママン教授も心から心配していた。しかし、楽天家のアイクは、これは私の自慢の安全車だと、みんなに説明して安心させようとする。車の運転席を覗くと、その床にはどうやら穴が開いており、それを木の板で塞いであった。

この車は、四年前に入学した時、友人の有馬儀信君と共同で購入し、富子と結婚した際に、同君から譲ってもらったものである。

アイク夫妻は、全く車のことは心配していなかった。寧ろ、雄大なアメリカ大陸を横断するという、とんでもない思い付きに逆に興奮していたのだろうか。それとも、ハーバードに一日も早く着きたいという一心から、少しぐらいの苦労は気にならないということだったろうか。

一方、周りの人たちはそうではなかった。なかには、ちゃんと目的地に着くだろうかと、賭けをした者もいた。

しかし、みんながいうように、このアイクの車はお世辞にも快適に乗れるようなものでは無く、相当な年代物であった。それに、家財道具をいっぱい乗せた重々しいトレーラーを繋いでいくのである。スピードなどは、とても出せない。しかも、その車に幼い子供を二人乗せている。思うように、二千五百キロを走行することは、困難だろうとみんなが思ったのは当然である。

ところが、みんなの予想を覆して、全行程をおおむね平均一日六百キロずつ走り、四日間ぶっ続けで走破して、ハイウエイの安いモーテルに泊まりながら、とうとう五日目の朝にはケンブリッジに無事到達したのである。奇跡というべきだろう。

アイクは自伝の中でこの時のことを、「結局、四日間ほど運転し通しだった。それでもなんとか無事ボストン市のケンブリッジの街に入った時の感慨はひとしおだった」と書いている。

《なんとか無事に》とか《感慨ひとしお》というような言葉の中に、この四日間の苦労がにじみ出ていると思う。

とにかく、例えば食事一つを取っても、ホテルで食事という贅沢は許されない。結局途中のスーパーマーケットで、ハムや果物を買い、ネブラスカから持ってきた米をモーテルの電気を使って炊飯器で炊き、部屋の中で食べる。だが、長時間運転した後の、家族全員での食事は、今考えてもとても楽しかったとアイクは振り返って述べている。人間の幸福とは何か、ということを考える良い材料であろう。

それにしても、これは大変なことだった。今アメリカ合衆国の地図を広げてみよう。アイクたちが今まで住んでいたネブラスカ州とは、本当にこの国の臍に当たるようなところだ。日本の二十五倍の国であるから、そこに住んでいる人たちの土地や自然に対する感覚は、日本人の私たちとは大きな違いがある。

もしも、アイク一家が飛行機で移動出来れば、何ということない旅であっただろうが、そんな余裕が無かっただけに、結果として彼らはとても貴重な得難い体験をしたことになる。すなわち、この広大なアメリカ合衆国の大地を、走破したことで、アイクはアメリカに住む人々の感覚を実感できたのではなかろうか。

ネブラスカ大学を卒業したアイク

恩師ジョー・ハドソン教授とフーバー教授

アイクこと蒲島郁夫がネブラスカ大学院の農業経済学専攻を終了したのが一九七五年の六月である。そして一家が上述のようにポンコツ車で、大陸横断の旅をするのが、真夏の八月中旬にかけてであった。そして、ハーバードに入学するのが、九月である。

歴史を紐解いてみると、アイ

ク一家も大変な激変の年だったが、その超大国アメリカ自体が実は、新たな試練の中に入り込みつつある節目の年であった。すなわち、この年の四月三十日共産軍がサイゴンに入場し、ベトナム戦争が終結。OPECの石油値上げが加速し、世界中の物価に波及。アメリカは急きょ、自由諸国の連携を図るため、十一月十五日ランブイエで第一回の先進国首脳会議を開催している。わが国では、田中角栄の時代が終わり三木内閣に代わっていた。ロッキード事件が、アメリカで大きく取り上げられ出して表沙汰になった時期でもあった。

日本でもしも経済的にもまた政治的にも、これほどの事件が起きれば上を下への大騒ぎであろうが、アメリカでは多分これから述べるように、四日間にわたり大陸横断の旅をしていても、一般国民の活動には殆ど変化は無かったのではなかろうかと思われる。

4・二千五百キロをオンボロ車で一気に

アメリカ合衆国の地図に戻るが、ネブラスカ州の左側はワイオミング州である。ここは正に、有名なロッキー山脈が連なる場所である。アイクがこの時から六年前に初めて来て過ごした、アイダホ州の方向に北へ向かって延々と伸びている。すなわち、アメリカ大陸の屋根のような、四、五千m級の山々が連綿と続くのである。また、ネブラスカの直ぐ下のコロラド州デンバーには、スキー場で有名な標高四千三百mのロングス山がある。さらに、ネブラスカの上には、サウスダコタ州があり、二千m級の山々が連なるブラックヒルズ山地がひかえている。アイク一家が住んでいたネブラスカ州リンカーンからは、いずれも百キロ離れている。（二〇八頁および一三九頁の地図参照）

ところが、アイク一家はこのいわば山奥の土地から、少なくとも二千五百キロの距離、高低差三千mを、驚くなかれあのオンボロのクライスラーで、しかも荷物を満載したトレーラーを引っ張りながら、一目散に海抜ゼロメートルに近いケンブリッジまで一気に駆け降りたのだった。しかも、何と二人の幼児を連れて、真夏の八月に挙行したのである。「五大湖など見る暇など無かった」と自伝に書いているが、とにかく貧乏学生夫妻の、この時の覚悟には驚くばかりである。

5・コーネル大学に立ち寄ったアイク

こうしてアイク一家は、アイオワ州のデイモンを通り、イリノイ州の州都シカゴに、何と二日間で到達した。それから、さらに二日間で一千数百キロを走り、ケンブリッジに到達することになる。

旅もいよいよ終盤に差し掛かり、アイク一家のハーバードまでの距離は、後六百キロになった。出来るだけ、五大湖沿いの道を走るようにと、途中で出会った人たちに教わりながら、バッファローを通過し、ローチェスターを越えたところで、イサカの街を望む丘の上に立った。コーネル大学にも、アイクは願書を出していた。もちろん、合格の通知を貰っていた。

眼下の街並みの中には、ひときわ美しい一角があった。それは上述の通り、ハーバードに合格しなければ、アイクが通っていたかもしれないコーネル大学である。

余談になるが、アイクこと蒲島はコーネル大学出版会から、ごく最近すなわち二〇一〇年に「Changing Politics in Japan」という本を出している。コーネル大学出版会は名門であり、世界中の政治学者が生涯に一度は、この大学からの出版を夢見るのである。

こうして、ほんの少しだけ感慨にふけったアイクは、再びケンブリッジに向けハンドルを握った。そしてシラキュースを順調に通過し、いよいよ最後の山を越えなければならない。

少し話がそれるが、ハーバード大学に関連する話が出ていたので、参考までに述べて置こう。

それは、この三月に日本経済新聞朝刊の「私の履歴書」に連載されていたのは、元米国通商代表部代表のカーラ・ヒルズである。彼女は、高校卒業後ハーバード大学に属するラドクリフ女子大学に行きたかったようである。しかし、彼女の父親がアメリカ西海岸を離れることを嫌った。そこでスタンフォード大学に入り、卒業後に法学の習得を目指しイェール大学に再入学したと書いている。

やはり、アメリカのトップクラスを目指す人たちにとって、ハーバードは憧れの的なのだろう。一流を目指し、あらゆる可能性を追求しようとするのが、リーダーになる人間の姿だからだ。

それを勝ち取るのに、何が必要か。

少なくともここでの主人公アイクこと蒲島郁夫は「二つの武器があるからやり遂げられる」と考えたという。最近会って確かめた話だ。

第一は何か。それは「強靭な体力」である。

若い頃から新聞配達で鍛え、さらにはアイダホの牧場での一年余に及ぶ牧場での労働にも耐えた体力だという。知事という政治家になったアイクは、ほとんど休日もなく、分刻みの、しかも一つひとつが重要な知事の仕事を勤めながら、今でも毎朝三時半頃には必ず起きて、七紙の朝刊を全てチェックしているという。すごいことだ。

第二は何か。それは、楽天的志向だという。

楽天的志向というのは、ピンチに遭遇した時に、単に「何とかなる」と流れに身を任せることではない。ピンチの中に一筋の光明を見出しチャンスに変えていくという〝発想を転換する能力〟だと、面談の折に話して呉れた。

例えば、昨年の夏死者・行方不明者二十五名という熊本広域大水害に直面した折も、彼は知事として真価を問われる場面に立った。

この大ピンチに、知事蒲島は職員に三つの原則を示している。

一つは、「被災者の痛みを最小化すること」。

二つには、「単に元あった姿に戻すだけでなく、創造的な復興を目指すこと」。三つ目に、「復旧・復興を熊本の更なる発展につなげること」。

特に「創造的な復興」、「更なる発展につなげる」という言葉に、ピンチの中でも明るい希望を県民に示し続けていくという、アイクこと蒲島の知事としての姿勢がよく現れていると思う。後ほど第三部の「くまモン博士」の中で触れる、光明を求めて先を読む「プロアクティブ」な、《対応の政治》と結びついている。

このアイクの認識は間違っていないし、まったくその通りだ。

しかしホーセンさんは、また違った見方をしていた。それは何か。

アイクが、アメリカの最高峰ハーバード大学で政治経済学の博士号を勝ち取ったのには、さらに次の二つの武器があったからだと思う。したがって、アイク自身が述べる上述の二つと足せば、四つということになる。

ホーセンさんが考えた一つとは、何といってもわざわざ学生結婚までした富子夫人の存在である。あのネブラスカでのエピソードなどはすでに紹介したが、彼女の献身的な支えなくしては、蒲島の成功はなかったであろう。

もう一つは、アメリカの大地で生まれ、二人が育てた三人の愛娘の存在である。娘たちの笑顔が、いま時の言葉で言えば〝癒し〟となり、蒲島の心にエネルギーを注ぎ続けたであろうことは想像に難くない。

6・ハドソンとコネチカット両河を渡りボストンへ

ホーセンさんの手元に、畳半分ぐらいの古ぼけたアメリカ合衆国の地図がある。約三十年前、日本の経団連とアメリカの経済界のトップが、小人数で交流するビジネス・ラウンドテーブルがニューヨークで行われた。

日本側は、土光敏夫が団長で平岩外四が同行しており、その第一回目の会合に三人ほど随行員が居たが、その中の一人がホーセンさんだった。実は、アイクこと蒲島郁夫がハーバードで博士号を取って帰国後、一時政策的なアルバイトをしたのが、このラウンドテーブルに連なる日米賢人会議だった。だがここでは、ホーセンさんの話を紹介する。

もちろん蒲島も、イクちゃんと言われた小学校時代に、読書コンクールで一位を取ろうという運動を、クラスメイトも巻き込んでやったくらいの本の虫だが、平岩は当時すでに三万冊もの内外書籍を自宅の書庫に持っていた。社長になってからは、給料の大半を注ぎ込んだと言っていた。海外出張の際には、暇を見つけては現地の書店に顔を覗かせるのが、平岩の唯一の趣味だったと言っても良い。手元の地図は、平岩を案内したニューヨークの街角で購入したように思う。

再度その地図を見てみよう。ニューヨーク州のキャッスル山地を出ると、直ぐ側にハドソンの大河がある。アイクと富子夫妻は、それを初めて見た。海のように広い。そこを渡ると、残すところボストンまで約三百キロである。漸く目的地マサチューセッツ州の州国境を越えた時の感激は、今でも忘れられないと夫妻は語っている。

ただ、そこで旅は終わらない。休まずまた百キロほど走ったところに、マサチューセッツ州で第三の都市であるスプリングフィールドと云う都市がある。給油の時間が、移動中の唯一の休憩時間である。幼い子供たちに、やさしく「もうすぐだよ」と声を掛け無事を確認して、ほっとするのもこの短い休憩中の時間である。

給油を終え、二つ目の大河、コネチカット河を渡ると後はボストンまで百五十キロだ。そこを一気に走って、四日目にアイクのオンボロ車とトレーラーが、漸くこの州の最大の都市で州都のボストンに着いたのだった。

夫婦も二人の愛娘も、おそらく疲れ切っていたであろう。さらに、ボストン郊外の東側に位置するケンブリッジにあるハーバード大学まで到達するには、四十分ぐらいは掛かる。そうして、ようやく目的の場所に、五日目の朝到着したのだった。

自伝には、次のように出ている。

「ニューヨーク（州）手前の険しい山々を越え、結局四日間

川沿いに立つハーバード大学

ほど運転し通しだった。それでもなんとか無事にケンブリッジの町に入った時の感慨はひとしおだった。ただ、ハーバードの構内に入った時、歩いている学生たちがとても頭がよさそうに見え、ここで自分が競争していけるだろうかと一瞬不安を覚えてことは確かである」

先にも触れたが、ネブラスカのリンカーンを出発して、漸く念願が叶ったというアイク一家の実感が籠っている。

7・日本で果たせぬ夢がアメリカの最高学府で実現

ハーバードに到着したアイクは、日本では大学に入れなかったが、今や世界の超一流の最高学府に入学できたという、実感が日が経つにつれ徐々に一層強く感じられるようになっていった。それほどに、彼は興奮していたのである。

その証拠に、自伝の中には、次のような言葉がある。

「多分同じ状況に直面すると、誰でも覚える感情であろう。もはやここで一生懸命に勉強に励むのみ」

文章は簡単なようだが、アイクと夫人富子に取っては感慨ひとしおだったと思われる。

このように、アイクは近い将来、日本という国のリーダーの一人になることが出来る条件を満たすための第一歩を踏み出した。彼が現在、最も優れた地方自治体のトップである県知事の一人として、益々活躍し、期待される実績を治めつつあるのも、そのスタート台は正に、ハーバードへの入学とその後の試練によるものであるといえる。

考えてみると、すでに紹介した五百旗頭真も坂東眞理子も、アメリカに留学して厳しく自らを磨いている。現在わが国の政治・行政・経済・社会そして学界にて活躍している多くのリーダーたちが、しっかりと自らを異文化の渦の中に投じて鍛え上げた者たちが多い。

アイクこと蒲島のことを書きながら、ホーセンさんは現代の若者たちが、海外に出るのを好まない風潮があるといわれるのは、全く持って問題だという思いが一層強くなっていた。

それは、日本の現代の若者には、アイクのような貧しさから懸命に立ち上げるような、環境の中に居る者が居なくなっている、ということでもあるように思われる。アイクを含めて日本の団塊の世代と言われる当時の若者たちが、ハングリーに懸命に頑張って、世界一流の国家に仕立て上げた。

ところが、その次のそしてまたその次の世代も含めて、裕福な中にしかも大事に育てられ、ハングリーとは何かを実感できない。特に少子化の中で、母親が大事に育てて来たわが子を、「海外などに行かせて危険な目に遭わせたくない」という考えが、大勢を占めているのであろう。

時代の流れかもしれない。よって、わが国のトップリーダーたち、特に政治のリーダーは、そうした教育構造の変化を踏まえて、これからの若者の教育政策を、それこそアイクこと熊本県知事が主張する、「県民の最大幸福量」とは何かを、プロアクティブに先取りしていくべきであろう。ホーセンさんは、そう考えている。このため、魁より実行すべしということで、自分の孫Ｒｙｏを海外で鍛えるように言い付けて来た。十六才のＲｙｏは今、イングランドに渡りグローバルな経験を積んでいる。

第五章　ハーバードとアメリカ精神

1・ハーバードでの住まいは古風な学生寮「シェーラーレーン」——騒動の中で掴んだ幸運

こうして、彼はハーバードで実に素晴しい勉強の成果を挙げるのだが、それもまたアイクの「やるなら一流を目指す」という前向きの負けじ魂が、チャンスを与えてくれたといえる。

さてハーバードに着いたのはよいが、アイクこと蒲島と富子夫人それに幼い子供の四人は、一体どこに住むのだろうか。

これがまた、アイクに取って思いがけない幸運な状況だったのだ。英語で「シェーラーレーン」というが、要するに大学のアパートである。

これは、結婚している学生のために用意されている、いわば学生寮である。ということは、アメリカでは学生結婚が多いということでもある。それに、アメリカの「ア・パート」というのは、建物の一部という意味だ。日本人が、一般にマンションと呼ぶのも、彼らからすると「ア・パート」なのだ。彼らがいうマンションとは、少なくとも五部屋はある場所を一家族で使用している場合をいうのである。

シェーラーレーンは、赤レンガ造りの建物で「いかにも伝統あるハーバードで勉強しているんだと実感させてくれる雰囲気を漂わせていた」と、自伝に書いている。また「宿舎の前にある道路は住民以外の車が入らないように鉄の門があったので、子供たちの遊び場所として最適だった」とも書いている。

アイク一家が、こうして落ち着いた宿舎は、無料で住んでいたネブラスカ大学の農場の中にあった農家とは、打って変わって快適な空間だった。夫人の富子は、宿舎のことだけでもほっとしたと、先頃熊本で五百旗頭真を招いて夕食をした折に感想を漏らしていた。「しかし、蒲島夫妻はあの頃ラッキー続きだったなー」と五百旗頭が述べると、「いやー、あの頃五百旗頭先生には、とてもお世話になりっぱなしでした」と富子夫人。すると、「いやいや、こちらこそ。それにしても、あの新しいマンションは立派だったね」と、にこにこしながら五百旗頭が感想を述べた。

新しいマンションとは、何か。それは、次のようなことである。

先ほど述べたように、アイク夫妻にとっては、古風なヨーロッパの邸宅の雰囲気を醸し出している宿舎は、大変居心地の良いコンドミアムだった。「私たちはとても気に入っていた」と自伝にも書いている。

ところが、大学から「建物が老朽化したので立て替える」と通告してきた。アイク一家がハーバードに引っ越して、まだ数ヶ月しか経っていなかった。確かにそのレンガ造りの建物は、建てられてから半世紀以上経ており、普通に考えると何でもないむしろ喜ばしいことなのだが、通告が一方的だったために問題が生じた。

「われわれ住民の意向を無視している」というのである。特に住民である学生の多くが、法律を勉強しているロースクールに通う者が多かったので、権利意識が高く団体交渉を始めた。大学としては、まさか反対されるとは思わなかったようだ。学生たちは、この落ち着いた建物から出るのは勉強に差し障ると反対した。

大学には、計画通りこの建物を取り壊し、別のものを新設する計画があったので、何としても学生に納得してもらわなくては困る。条件闘争に持ち込んだ。そこで、大学側は学生に転居を納得させるために、様々な優遇条件を持ち出した。大学が示した転居先はチャールズ川という河畔のビジネス・スクールの中に新築されたマンションである。そのマンションの、どの部屋を選んでも良い、家賃は当分据え置くというのである。アイク一家は、美しいチャールズ河畔が眺められる一室を選び、早速転居することにした。

もう一度、地図を広げて見よう。マサチューセッツ州自体が、約四万平方キロメートルで九州と殆ど同じぐらいの大きさである。チャールズ川の水源は、ボストン南西のホプキントンであり、このホプキントンは、第一回オリンピック（一八九六年）のマラソンを除くと、最も古い歴史を持つボストンマラソン（第一回は一八九七年開催）のスタート地点でもある。私も一度だけこの同じ景色を見たことがあるが、この川の流れは、ケンブリッジからボストンを経て、マサチューセッツ湾に注ぐ。季節にもよるが、それほど大きくは無いが自然を美しく醸し出す勇壮でかつ、時に華麗にも見える川だ。

　大学としても、アイクのように早速応じてくれる者は大歓迎である。契約すると、一家は早々に引越しをした。ところが、中には今までの古風な場所がどうしても離れられないと、居座りを決めた者もいた。こうして、蒲島がハーバードを卒業して帰国するころには、大学も諦めて逆に改築し古風な建物を残すことにしたという。蒲島は卒業後に何度か訪れているが、現在でも昔のままに懐かしいその佇まいを残していて健在であるという。

ソールジャーズ・フィールド・パークでの蒲島一家

　さて、「それにしても、あの蒲島さんのマンションは立派だった」と、五百旗頭真がいみじくも述べたが、それはこの大学の立ち退き要請で移ったチャールズ川湖畔の新築マンションのことである。メゾネットタイプの六、七階で約百三十平方メートル。下階にリビングと台所があり、上階に二つのベッドルームとバスルームがあった。アイク夫妻が選んだのは、このマンションの最高級の部屋であった。そこは、ソールジャーズ・フィールド・パークという、独立戦争の折植民地の兵士が集まったゆかりの地であり、その一角に建てられていた。

アイク一家は、この百三十平方メートルもある立派なマンションで、三ヶ年間を過ごすことになる。何しろ、約四十年以上前の話である。当時わが国では、これほど広いマンションは無かった。中流以上の生活をしているものでも、百平米未満だったと思えば、学生であるアイク一家の生活が、いかに恵まれたものであったかが伺える。五百旗頭が「あれは立派だったたね」と感慨深く述べたのがよく分かる。

２・すごい賢人たちに囲まれて

ハーバードに移ってからの蒲島一家の生活環境は、とにかく一変した。もちろん、住む家が、今までとは打って変わって素晴らしいものになった。それだけでは無い。徐々に紹介するが、彼の周りにこれから紹介するとても恵まれた教授陣が居たことである。

まずアイクがとてもお世話になったという、ライシャワーと五百旗頭を含めた賢人たちの名前について、紹介しておこう。

順不同だが、アイクこと蒲島の自伝によれば、まず三宅一郎。彼はすでに同志社大学の教授だったが、客員研究員として政治学を極めるためにハーバードにやって来ていた。次いで上智大学から、ほとんど同じ目的で研究をしていた客員教授の綿貫譲治。さらにハーバードで、アイクの指導教授になったシドニー・ヴァーバがいる。そして、ヴァーバとは正反対の理論を展開するのがサミュエル・ハンチントンだった。またこの他にも、アイクと同じ学生仲間で日系三世のマイク・モチズキという優秀な学生も居た。

上智大学からハーバードに招かれていた綿貫は、ライシャワーも一目置くほどの政治社会学の論客である。その授業を、三宅とアイクそれにマイクの三人が受講していた。マイク・モチヅキはその後、エール大学の助教授を経て、ジョージタウン大学の政治学の優秀な教授として、名を馳せている。

三宅一郎氏（中央）、綿貫譲治氏（左）とアイク

こうした優秀な仲間に囲まれ、アイクのハーバードでの研究生活は実に変化に富み、かつ羨ましいほどの良き仲間に恵まれていたといえよう。

知事のアイクこと蒲島郁夫とは、最近熊本で会った。日本経団連と九州経済連合会との懇談会が、今年は熊本で開催された。三月中旬である。福岡大学の私の研究講座は、九州経済連合会に入会しており、そこから案内が来た。種々予定は入っていたが、出席することにした。

何しろ、九州新幹線が全線開通で、博多から熊本までは、一番早い列車だと僅か三十数分である。昔と違い完全な通勤圏である。よって、うちの上さんは便利になったと言っては、あちこちに日帰りで出掛ける。大阪も京都も片道三時間程度だから、日帰りで「ちょっと桜見物に行ってくるね」と言う具合だ。

熊本の話に戻るが、経団連側のメンバーにも、ナンバーツーの渡文明審議会議長はじめ沢山の知人が居る。アイクこと蒲島も開催県の知事として、当然出席するだろうと思い出掛けた。すると、レセプッション会場で遠くから顔を見つけるなり、彼の方から片手を大きく上げて、近寄って来て握手をする。その飾らない姿は、昔初めて東大の安田講堂の前で握手した時と変わらないと思った。とにかく人懐っこく、そして決して気取ったところが無い。

おそらくアイクがハーバードの学生になった折も、基本的には同じく自然体だっただろう。自分を出し切り、自然体で苦労を気にしない。

経団連会長や副会長など、そうそうたる経済界の重鎮が揃うそのパティーで、アイクのあいさつは次のようなものであった。

「今、熊本はとても元気です。熊本県政はホップ・ステップ・ジャンプの形で進んでいます。ホップが新幹線全線開業（平成二十三年三月）、ステップが熊本市の政令指定都市化（平成二十四年四月）、ジャンプが道州制であり、実現の暁には熊本が州都になることです。経済は実体ではなく期待で動きます。今が熊本に投資する最高のチャンスです。州都になった後では遅すぎます。経済界の皆さん、今どんどん熊本に投資してください。」

このあいさつで会場がどっと沸いた。熊本を愛する気持ちに溢れたあいさつと感じたの

防衛大学校校長時代の五百旗頭真氏

は、自分だけではなかっただろう。

ハーバードの初日の出来事が、自伝に書いてある。

「私は、ネブラスカ訛りの変な日本人です」という自己紹介から始まったというのである。

みんなが、どっと笑う。そういう意味では、話術にも長けているということだろうか。

アイクは、授業の中でも、みんなが敬遠するような文献の整理等も引き受け苦労を厭わず、懸命に頑張っていく。この姿が、とても考えられないような短期間での博士号の取得に繋がって行ったのではなかろうか。

3・努力する二人の変な日本人

「変な日本人」いう表現をした人が居た。五百旗頭真だ。

「とにかく、変な日本人がいると思ったよ。もちろん、自分も変な日本人だと思われていたけれども……しかしとにかく今思い出しても、あんな楽しく充実した時期は無かったね」

と、アイク夫妻との懇談の折に五百旗頭が述べた。

それから五百旗頭は、次のように付け加えた。

「蒲島さんは、友達を大事にして、同時に情報というかいろんな知識を掴み、かつ掘り出す名人だったと思う」

そう述べる五百旗頭真に対して、富子夫人が応えた。

「五百旗頭先生には、本当に主人が甘えていましたね。何でも先生に、お願いしていましたよ」

「そうでしたかね」と、五百旗頭。（五八頁の写真参照）

実は、この時期五百旗頭は、後年わが国にとって、とても貴重な政治史的研究文献となる「アメリカの戦後日本に対する占領政策」が、どのように組み立てられていったか、それを検証し取り纏める研究に、ハーバード大学の一室で懸命に取り組んでいた。

その研究室が、ライシャワー教授の部屋の隣にあった。五百旗頭は戦後三十年目にはじめて公開されたという資料を入手し、寸暇を惜しみながらの研究を続ける日々だったようだ。そこに、アイクこと蒲島が学生として存在していたのである。

ハーバード大学のケネディー・スクールでポリティカル・エコノミーすなわち政治経済学を専攻していたアイクは、二人の教授に指導教授になることをお願いした。ヴァーバとライシャワーである。アイクの専攻内容は正確には、「政治経済学・政治学プログラム」という博士課程であった。この時は、博士課程の入学者は彼を含めて僅か四人だった。

アイクは、かつてネブラスカ大学で農業経済学を勉強したことがあった。しかし、経済学にはどうしても、アイクが最も苦手な数学が必要である。それにもかかわらずこの時も、アイクは懸命に勉強して「A」の成績を修めるが、基本的に数学は好きでは無い。

だが、この時政治を修めるものにとって、切っても切れない関係にある経済を、曲がりなりにもしっかりと修めたことが、後々の彼の学者としてもまた、現在は県知事という政治家としての仕事を行ううえで、とても大きなプラスとなっているように思えるし、本人も「数理や統計的手法の習得が」無ければ、蒲島県政は行えないと明言している。

４・名指導教官シドニー・ヴァーバとライシャワー教授

アイクこと蒲島郁夫が、ハーバード大学の政治経済学・政治学プログラムという博士課程を専攻することになり、初めて受講した科目がシドニー・ヴァーバ教授の「政治参加と民主主義理論」であった。アイクは、結局この教授に博士課程での指導教官をお願いしている
この人は、現在でもアメリカを代表する最も有名な政治学者の一人である。だから、授業に参加する学生が大勢居る。

欧米の大学、特に大学院では授業を受ける前に、担当教官の指定する多くの論文や資料を読まされるのが、常識となっている。日本の大学のように、授業で担当教官が話をするのを聞いていれば良い、というスタイルとは全く異なる。

シドニー・ヴァーバは、特に事前の資料をより多く課す教官であった。そのヴァーバが、ある時分厚い本を教室に持ってきた。その日の講義が終わりに近づいたころ、「本日のレクチャーとも関係するが、手元に《Peaceable Kingdoms》という本を持ってきた。これを、誰か読んで内容を報告してもらえないか？」と言った。

見ると、四百頁以上もありそうなものだ。三十人ぐらい居た学生からは、ため息のようなささやきが出る。誰も手を上げない。そこで、一番前に居たアイクが、「私がやります」と言った。

アイクの話によると、ハーバードに移って日が浅い彼には、正直いって友達はいなかった。ところが、彼がこのヴァーバ先生の指定した分厚い本のプレゼンテーションを引き受けた途端に様子が変わってきた。

「今日、お昼を一緒にしないか」と、数人から声を掛けられた。

こうして、彼は期せずして数人の仲間と友達になることが出来た。

シドニー・ヴァーバ教授と京都にて

ライシャワー教授

彼は、その週はもちろん先ほどの本を要約するのに没頭し、さらに次の週はすすんでこの本の内容の具体的紹介と、評価を行った。彼は、こうして教授ヴァーバから、次第に高い評価を得ることになる。

「ハーバードに居た頃が、一番勉強した」と話すアイクに、富子夫人も納得気味に頷く。その横で五百旗頭も「蒲島さんの熱心さには、ライシャワー先生はいつも感心しておられた」と言うのである。

ホーセンさんが、今年二月二十七日に福岡大学の研究報告会を開催した折、五百旗頭に講演を依頼した。彼は多忙であるにも拘らず都合をつけ快く引き受けてくれ、「日本の安全保障」と題した講演を行った。

アイクこと蒲島知事にも是非参加して欲しいと依頼したが、二月二十五日から定例の県議会が始まっており、この日はどうしても都合がつかず、欠席となった。そのことを研究会当日、五百旗頭に耳打ちすると、残念そうに「彼、来ないの」と小声で言った。

こうして、アイクの出席は叶わなかったが、五百旗頭の講演は大変評判が良かった。特に、3・11に関する政府復興会議議長だった彼が、自衛隊の懸命な活躍について具体事例を挙げた話は、感動的であり聴衆を魅了した。

5・永遠の戦友、五百旗頭と蒲島

講演は、一時間四十分に及んだが、むしろ短く感じるくらいだった。だが、一つだけ五百旗頭が脱線した。それはアメリカの外交に関する話になった時だった。「研究所長のライシャワーさんには、ハーバードで研究した折に大変お世話になったし立派な方だった……ところがその時、もう一人深く付き合った人がいました。それが、蒲島熊本県知事です。彼とは戦友です」。

それから、続けて次のように述べた。

「当時ハーバードに変な日本人が二人いた。私と蒲島さんです。それまでは、日本人はほとんど訪ねて来ない場所だったのが、蒲島という学生が来てから、賑やかになった。とにかく何かと言うと、必ず私の部屋に顔を出してライシャワー先生にコンタクトする……」
「こうして親しくここに来たのも、あのハーバード以来の蒲島知事との深い交流に発しているといえます。知事の要請で、熊本県立大学の理事長に就任したのも、あの時の付き合いが原点です」

こう五百旗頭は、何気なく述べたが、二人は間違いなく自分たちで「変な日本人」と言うぐらい、とても真面目で懸命に勉強もするが、アメリカでの大学生活をエンジョイ出来た人物だったといえよう。

ところが、ホーセンさんも長年いろいろな業界や役所や国と地方政府の方々と接してきたが、今は昔ほど良い意味での「変な日本人」というような、ずば抜けた人はいなくなった。

別の言い方をすれば、マスコミや、巷の噂や情報を気にせずに、自らの信じるところを堂々と主張する人物がいないということである。それがかなり出来ているのは。例えば今ホーセンさんが住む福岡でいえば、ＪＲ九州の会長石原進と正興電機の会長土屋直知ぐらいのものかなと思う。

自ら思うところが正しいやり方であり、世の中を維持発展させ本当の《国民の幸福》をもたらす社会を築くためには、百万の敵がいようとも我れ行かんというような「真の勇気」を出せる人が稀になった。

先ほど《国民》の幸福という言葉を使ったが、ふと五百旗頭とアイクこと蒲島が自分たちをちょっと「変な日本人」と自称する理由は、何だろうかと考えてみた。

すると思い付くのが、アメリカ人が普通に抵抗感無く使う「市民社会」という言葉だ。わが国でも最近はやたらと「市民の権利」という言葉が飛び出す。そういう人たちは、決して「市民の義務」とは言わないのだが……。しかし、アメリカ人は正に《人民・市民》が基本である。合衆国憲法にも、前文や各州の裁判権において明確に人民や市民という言葉が使われている。あくまで、人間個人の人格尊重ということが基本にある。

一方、日本国憲法にはその前文の最初に「日本国民は……」と出てくる通り、日本人は「国すなわち国家」という組織の構成員としての「民」なのである。だから、元々アメリカ人が日本人を見るとき、「日本人は組織を重視」するから、自分たちとは行動パターンが違うという見方。これが、普通の感覚だろう。ところが、五百旗頭や蒲島はむしろハーバードに所属している限り、アメリカ人に成り切るのが当然だという認識で、彼らと同じ目線で行動したのだろう。

よって、「変な日本人」だったのではないか。「郷に入れば郷に従う」という言葉の通り、彼らはアメリカ社会を満喫し、同時にとても得がたい経験と共にそれを日本に持ち帰り、何十年かの後、本格的な成熟社会となり同時にＩＴの世の中にどっぷり漬かった現代日本のリーダーとして、活躍出来るのである。

６・同じことを語ってくれた張　富士夫
――市民社会コミュニティと民主主義

熊本県知事蒲島郁夫は、研修生として二十一才で初めてアメリカに渡り、二年後に帰国するが、改めて二十四才で二度目に今度は大学入学を目指して再渡米する。そして、三十二才で博士号を取り帰国するまでの間に、その節目ごとに必ず何人かの賢人に世話になっている。もちろん、全てアメリカ人だ。すでに、その一部は紹介してきた。

彼が約十年間滞在する間に、素晴らしいアメリカ人が、彼を指導し欧米人とも付き合える立派な仲間に育ててくれた。もちろん、彼が賢人たちに応えるだけの資質を開花させ、同時に類稀な自らの努力をした結果である。

すでに、ネブラスカに広がる大地の牧場でお世話になったボスのことは紹介済みだ。次いで二人目は、農業研修生のお世話をしていたクリントン・フーバーと云う人格者である。また三番目の賢人として、ネブラスカ大学の講師ジョー・ハドソンと云う恩師も紹介した。それに、ネブラスカ大学の指導教官、ジーママン教授が居る。この三人が居なかったら、アイクの大学にも入れなかったろうし、ハーバードのも入学出来なかっただろう。そして、ハーバードでのシドニー・ヴァーバ先生やライシャワー教授がいる。

それにしても、もしも彼がアメリカに渡らなかったら、そしてこうした立派で懐の広い、自由の国アメリカを象徴するような賢人たちが居なかったら、今の知事蒲島の名は永遠に生まれなかっただろう。彼に会う度、その折々に話を聞くほどに、なぜアメリカ人にそのような人物がいるのかと不思議になってくる。誰もが、《そこがアメリカ人の良いところだよ》などと言うが、理由ははっきりしない。

長年ふと思いつくと、いろいろ考えてみるが自信が持てる完璧な結論には至らない。しかしホーセンさんは自分なりに改めて解釈すれば、今のところはおそらくこういうことではないだろうかと思っている。

正に、世界で初めて実現した移民の国アメリカで、人々はひとりひとりが主人公だという認識があり、しかもその歴史は僅かに三百年余である。日本人のように、二千年以上も掛かって生きるために全員で作り上げてきた頼るべき、歴史的伝統的なグループ組織のようなものは、アメリカにやってきた移民たちは持ち合わせていなかった。逆に言えば、日本人のような伝統的な《しがらみ》が無い。

移民族集団のアメリカ人は、新天地で自ら伝統を作るしか無かったのだ。すなわち移民してきた人たちは、自らが主人公になって、お互いに相手の人格を計り、新たな国アメリカを創る仲間にし続けることこそ重要であった。その上で、指導者を生み出し発展していくと云うことである。別の言葉で言い替えれば、移民して来た人たちは、その瞬間から《自分たちで自分の国を育てる》と言う、激しい意欲を持っていると云うことである。

だから、賢人たちには仲間を増やして行こうとする意識を、基本的な使命として心のうちに備えている。

もちろん、日本から隣人がやって来ても、その人物を同じスタート台に立たせ、その上でそうした人物が資質と努力を発揮して。自分たちと同じく賢人に育って行けば、仲間が増えたことになる。その自然の発露が、蒲島を育ててくれたのだと思う。

しかもキリスト教と云う宗教の支えが、このことを確固たるモノにしてくれていると思う。これが、アメリカ人の伝統であると私は解釈している。

ご存知の通り、アメリカ人は何処にでも、合衆国の国旗すなわちあの星条旗を立てる。自宅に常時立てている人も居る。この国旗を大切にすると云う伝統は、アメリカ人の国家を守ろうと云う真剣な姿と重なって見える。専門家はこれを、市民社会（コミュニティ）を守り発展させると云う言葉で言い表している。残念ながら、六十七年前の敗戦以来、日本人は日の丸の国旗を忘れてしまった。年配者には、祝日に自宅の門前に翻っていた日の丸が懐かしいが、今の日本の若者が日の丸を掲げるのは、オリンピックのときぐらいになっている。アメリカとは大違いだ。

ところがアメリカ人にとって、星条旗こそは自分が国家・地域社会の主人公だと云う意識がそこに宿っているのである。蒲島は、こうした自らを励まし、かつ励ましてくれるコミュニティを作った賢人たちの助けを得て、瞬く間に彼らに仲間入り出来る立派な賢人に育って行った。

現在、熊本県知事として活躍中の蒲島は、自分を育ててくれたこのアメリカと云う国の真摯な人づくりのコミュニティと云う風土精神を、何とか熊本に植え付けられないかと、すでに考えていることだろう。

しかし、日本には先ほども述べたように、長い間に作られた組織的な伝統がある。それを、絆（きずな）と言うが、これはアメリカ人のようなコミュニティ的発想では無い。そのことを踏まえて、どのようにして蒲島が新たな道を開拓していくか、二期目の 蒲島知事の大きな課題だろう。

7・トヨタウエイを根付かせた張富士夫が語るコミュニティ論

蒲島がアルバイトをして、アメリカへの旅費を提供したのは名古屋に住む蒲島の義兄であり、そこでの中部電力の重鎮川口文夫と蒲島の結び付きを紹介したが、その名古屋には現在トヨタ自動車の名誉会長の張富士夫が居る。

ホーセンさんは、福岡に移住後も縁あって、ＴＭ研究会など東京に幾つか仕事を持っているので、張富士夫には何かとお世話になっている。

その張が、二〇一二年九月中旬、福岡で長年行われている「みんなで明るく挨拶をしよう会」での記念講演を引き受け、多忙な身にもかかわらずわざわざ福岡までやって来た。張は、若者と直に接するのが好きである。よって、主催者の方でも気を利かし、学生や若いビジネスマンを会場に集めた。張は何時ものように、笑顔を絶やさず、一時間以上に亘りこれからの日本を背負う若者を勇気付ける話をたっぷりと語った。

その中で、かつて、張富士夫がアメリカにトヨタの工場を初めて造った時の苦労話が出た。蒲島を育てた、アメリカの賢人たちの話に結び付くと思ったので、掻い摘んで紹介しておこう。というのは、正にアメリカのコミュニティと云うものを理解する上で、とても役立つと思うからだ。

オイルショックの後、一九八〇年代初期、他社に少し遅れたがトヨタも初めて、アメリカへの工場進出を目指し各地域を調査し、地元と種々交渉を重ねた。その結果、ケンタッキー州に工場進出を決め、張が現地のトップとなって工場建設に取り掛かり、一九八五年十二月生産を開始した。一九八八年には、現地のアメリカ人の雇用三千人、カリムなどを中心に生産台数年二十万台になっていた。

その後、グローバリゼーションの波に乗って、トヨタの海外展開が加速されていったが、こうした中で、「トヨタウエイ」が生まれたという。すなわち、あくまで日本の会社トヨタの経営理念を変えることなく、全く風土の異なる外国人が中心になって働く現地生産法人「トヨタの海外工場」のマニュアルのことだ。

その基本軸は次の二つ、《知恵と改善》《人間性尊重》である。どうして、この二つにたどり着いたか、この話は簡単では無い。しかし、誌面の都合もあり簡単に張の話を要約すると、概ね次の通りだ。

アメリカ人↓先ず挨拶・握手・スマイル、そして仕事の成果を褒めること。

日本人↓無口そして仕事は黙々と、問題点は何かを追及し成果を高めること。

アメリカ人には、日本人の追及する「問題点は何か」すなわち《改善》の意味がなかなか理解して貰えなかったという。例えば《改善》と言う言葉は英語には無い。「インプルーブメント」と言う言葉を張が述べると、それは大きな機械を取り替えるような、いわば改造のようなことであるとアメリカ人は解釈する。トヨタの大野耐一が生み出した、《カンバン方式》の基本である生産工程の隅々までの日常的小改善のことは、アメリカには無かったという。

よって《カイゼン》と言う言葉は、そのまま英語になっている。この《カイゼンの智恵》を何としても植え付けなければ、リコールが増える。リコールを減らし、アメリカでの生産が日本国内と同じ安定した質的生産を維持しなければ、アメリカでの製造は成り立たない。これを徹底的に植え付ける一方、アメリカ人のスピリッツである《人間性尊重》を逆に重要視する必要があった。蒲島知事を育てた賢人たちの考えも、そこが基本的に同じだと思う。

トヨタが、かつて十年掛かりでアメリカに確立したトヨタウエイの基本方針《智恵と改善》《人間性尊重》の二本柱は、今やアメリカだけでなく、益々グローバル化していく日本のあらゆる企業経営を律する、最重要方針の一つに育っていると言っても過言ではないだろう。

だがもう一つ、名誉会長の張富士夫が語るアメリカの市民社会、すなわちコミュニティが成り立つ原点に、市民が懸命に行うボランティア活動の重要性を強調しておく必要がある。それこそ、このボランティアがトヨタウエイの一つ、《人間性尊重》を膨らませる大きな手段だからだ。人間が無欲の精神で人間を助け、コミュニティを支えることこそ、最大の《人間性尊重》と言ってよいからだ。

このコニュニティを支えるボランティアは、アメリカにおける企業経営そのものの目的や事業活動とは直接関係無い。しかし、アメリカ合衆国のコミュニティに居住する者が、このボランティア精神を理解し自ら実践しなければ、市民としての資格が認められないのである。張は、現地の社長としてそれを十二分に理解し、日本人も含めトヨタ・アメリカの従業員全員が、お互いに堂々とボランティア活動をすることを誇りとして宣言した。例えば、彼自身が休暇を取り実践することで、良き市民として結局はトヨタの事業活動が信

張富士夫・現トヨタ自動車名誉会長

頼を得て行ったことを語ってくれた。

現在トヨタは、アメリカだけでも最大のケンタッキー工場を含め九ヶ所、世界中に五十カ所の製造事業体を持っている。多種多様な国の従業員が、トヨタウエイを理解し澱みの無い事業活動を続けている。その中で、少なくともケンタッキー工場においては、工場の幹部はもちろん全従業員が、自らのさまざまな能力と知見を生かして、コミュニティに奉仕するのである。ケンタッキー州のジョージタウン大学においても、例えば張富士夫をはじめ、歴代のトヨタの幹部が、学生への講義をはじめいろいろな面で、積極的にボランティア活動を行い、それを公表してきた。また、張自身ロータリークラブに所属しての、ボランティア活動も熱心に行ってきた。

ケンタッキーにあるトヨタの工場

こう考えてくると、かつて熊本県知事蒲島郁夫がネブラスカ大学で、奨学金を得、且つ大学の教授をはじめ沢山の人から熱心は支援を受けることが出来たのは、正にそうした人たちのボランティア活動の一環であったとも考えられる。

第二部の最後になるが、こうしてアイクこと蒲島郁夫は、一九七五年九月にハーバードに入学し、政治経済学の博士課程を自らの持てる能力を、最大限に開花させ、何と一九七九年六月、めでたく博士課程を修了した。驚くなかれ、僅か四年弱という短期間での成果であった。

ハーバード入学の直前まで、ネブラスカで顕微鏡を片手に農業生理学を専攻し、豚の優性遺伝に関する精子移植の研究を専門にしてきた、正に政治学とは全く縁の無かった男の快挙であった。

政治経済学という専門課程を、一年生の時から追及してきたアメリカ人の秀才でも、最低五、六年は掛かるといわれるドクターの称号である。

逸話でなく実話であるが、アイクの戦法は、「自らの退

ハーバード大学を卒業、
博士号を取得したアイク

ハーバード大学を再訪した知事カバさん

路を断つ」ことである。彼はこの戦法を、博士号の取得にも賭けていた。何しろ、富子夫人と相談してのことだろうが、四年後には帰国する航空券を先物買いで購入していた。だから、何としても四年以内に博士号を貰わないと、親子五人の切符が無駄になる。そういう切迫感を自ら演出出来るという決断力がある。生来の楽天家と自称する言葉は、その裏腹のことだと思う。

こうして、帰国したアイクは、今度は第三部で「カバさんとして登場することになる。

第三部

世界のくまモンへ

第一章　二期目を迎えたカバさん知事

1・カバさんに見るリーダーの条件

　カバさんこと蒲島郁夫は、熊本県知事二期目に挑戦することを、前年すなわち平成二十三年（二〇一一年）十二月の定例県議会において宣言した。多くの議員がほっとしたと、地元の新聞が翌日の朝刊で伝えている。

　そのさらに一年前だったが、宮崎県知事だった東国原英夫が、国会に打って出る話が持ち上がったことがあった。その頃、偶々ホーセンさんがカバさんと懇談の機会があり、彼に「国会議員、いやわが国の首相を目指すつもりはないか」と話した。すると、言下に蒲島は述べた。

「二君に仕えず」

　これが、カバさんこと蒲島という人物の素晴らしさである。政治の世界で少し有名になると、次は国政のリーダーすなわち大臣を目指す。カバさんは、そうした生き方を好まな

定例記者会見で２期目の政策を発表した蒲島知事

いのだ。熊本に帰り本気で郷土に尽くすことを考える。それが、自らの天命であると認識しているのだろう。「末は博士か大臣か」という喩えがあるが、すでにハーバードで博士号を取得している彼には、知事の役割こそもう一つの大臣にも匹敵する重みを感じているということだ。

地域密着のリーダーシップの重要性を、しっかりと心のうちに秘めた言葉が、「二君に仕えず」の発言ではないだろうか。カバさんには、そういう崇高な価値観があるのだろう。私は、そう思っている。

カバさんが立候補の届出をした平成二十四年（二〇一二年）三月五日、突然彼から誠に元気な声で電話が掛かってきた。

「また出たから、よろしく」

まさか今度は、鼻から反対はされないということだったかもしれない。四年前に、彼から立候補の相談を受けた時、最初猛烈に反対したことを思い出した。師走の二十九日、博多の街に小雪がちらつく日だった。彼が私の事務所に現れた時、厳しい事を伝えたのを覚えている。「既に、地元の名士が数人立候補すると言っている。地盤・看板も無いあなたは、いくら東大教授だからといっても、地元では全くの無名人。一人で飛び込むなど、宝くじより当選率は低いですよ」

カバさんはそういった後、次のように述べた。

「今から、リーダーシップ研究会で一緒だった九電工の橋田紘一社長と河部浩幸会長とに会います。二人からも同じく反対されたら立候補を止めます。」

そして、河部と橋田の二人は、人生に一度しか無いチャンス、是非、賭けて見たらどうかと賛成したそうである。その結果、彼は立候補することとなる。（八二頁の写真参照）

そうなった以上はと、私も、そして現在日本経済新聞の論説委員長をしている芹川洋一も熊本へ足を運び全面的に応援した。前に紹介した通り芹川は、カバさんとは親戚である。選挙戦中盤で、様子が変わってきたのを覚えている。自民党の全面支援に加え、草の根の支援が効果を表してきたのだ。予想に反し、強敵たちに何と二十万票以上の差を付けて当選した。

さて、上述のように今回は、一方的な電話と同時に「二期目への挑戦」というＡ４の用紙四十枚の素晴らしいマニフェストが送られてきた。

その一頁目の冒頭に、これからさらに四年間という意味も込めてだろうが、「四つの姿勢」に基づく「四つの約束」ということが述べてあった。

まず四つの姿勢とは、「決断」「スピード」「目標」「信頼」を政治の信条として、トップが行動する。それが、県職員の挑戦意欲を奮い立たせる基本だという。その結果は、全て「私が責任を取る」とカバさんは明言している。

これが、県庁の全職員の「熱気」に火を付け、「くまもとサプライズ」のロゴと、「ゆるキャラクター《くまモン》」を生み出し、それを引っ張る県庁職員による《チームくまモン》を生み出した。

「四つの約束」とは何か。それは、これからの四年間に、彼が実現したい政策の基本である。カバさんは、今も懸命にその約束を具体的に推進している。

第一の約束は、元気で活力溢れるくまもとを実現すること。すなわち熊本県に「活力を創る」ことだ。

第二の約束は、くまもとが「アジアとつながる」こと。熊本が成長するアジアに打って出るという意味である。

第三の約束は、県民の「安心を実現する」こと。長寿を楽しむ熊本にするという約束である。

第四の約束は、「百年の礎を築く」こと。州都を目指し、熊本をその州の中心にしていく足掛かりをつくろうというのである。

カバさんが、マニフェストで述べているこのような四つの約束は、実にわかり易い。同時に構造的に重厚である。すなわち、常に動き発展していく社会の事象をしっかりと見据え、その上で長短期と量質を織り交ぜた工夫がなされているからだ。

これまでの四年間に、懸案事項を殆ど解決したという結果の上に立って、これからが彼の真価が問われる。このため第一、第二の約束に在る「活力」「アジア」といった今すぐ成果をだすものと、第三の「安心」という中期的な課題と、さらに第四の「百年の礎」という長期の視点を、正に重厚に打ち出している。

以下この四つのマニフェストの約束を、それぞれ順次展開してみよう。

2・「活力を創る」

活力を創るには、早速行動に移らなくてはならない。

その視点は、「ビッグチャンスを生かす」「農林水産業への挑戦」「地域力を高める」「未来型エネルギーのトップランナー」という4点だという。だが、配慮すべきは、日本の企業約五百万社の九七％以上が中小企業であり、その育成という点が最も重要である。

ビッグチャンスとは何か。言うまでも無く、九州新幹線全線開業と熊本市の政令指定都市移行の二つである。人や事業の移動範囲や取り組み方が、組織的かつ機能的に大きく変化する。それを狙えというのである。具体的には、次の各点だ。

第一・中小企業のチャレンジをサポート
第二・熊本イノベーションを進める
第三・フードバレー構想で県南を活性化
第四・起業を応援
第五・福祉を成長産業として支援
第六・観光客呼び込み
第七・ストーリー性のある観光戦略を展開
第八・くまモンで熊本を売り出す
等である

第一点の中小企業チャレンジサポートには、次のことが挙がっている。
①県の中小企業振興基本条例に基づき、工事や物品や役務を、県内企業への発注を基本に、市町村、民間企業へ拡大
②次代を牽引していく付加価値十億円以上のリーディング企業創出への支援制度の強化
③金融機関や経済界が協調した中小企業経営力強化の積極支援などである。
蒲島が如何に中小企業の振興を真剣に考えているかが分かる。

第二点の熊本イノベーションは、これも中小企業への期待をベースに当然しているが、先端技術の研究開発部門の集積などにより、「メイド・イン・熊本」の製品が世界を席巻するためという彼の夢が秘められている。次世代自動車のモビリティを高めるための、全国に先駆け「充電ネットワーク構築」を急ぐという。その中には、もちろん水素燃料電池車をも念頭に、水素供給ステーションも入っている。

余談だが、水素燃料については旧知のJXホールディングス相談役の渡文明が、『クリーンエネルギー水素燃料』という本を出版し、資源の無いわが国の未来エネルギーとしての必要性を訴え始めている。

カバさんの夢は、すでにそこまで視野に入れているということだろう。

この新たなマニフェストに「熊本のイノベーションを進める」という項目が出ている。「メイド・イン・熊本の製品が世界を席巻する」ように、頑張ろうというのである。素晴らしい夢だが、そのために最先端の研究開発部門を兼ねた企業の集積を積極化するとある。具体策を見ていくと、その中に「水素燃料電池の普及に必要な水素供給設備の導入に取り組む」というのがあった。

遇々、「未来を拓くクール・エネルギー革命」（ＰＨＰ研究所）と題する新刊を恵贈して貰った。わが国経済界の重鎮の一人、日本経団連の評議員会議長をも務める旧知の友人渡文明が書いた本である。クール・エネルギーというのは、正に水素による燃料電池のことだ。原子力発電と同じように、炭酸ガス（ＣＯ２）無しの電気が起こせる。

家庭用燃料電池（エネファーム）は、すでに普及が始まっており、数年以内に二万台以上に増えれば、価格も五十万円になるという。また、水素燃料電池車についても、もはや社会実証の段階に入りつつあり、二〇一五年までを目途に水素ステーションを全国に百ヶ所設置する準備が進んでいる。

渡文明は先ほどの本の中で「イノベーションとは新機軸、刷新、革新といった広い意味がある」「生産技術に限らず、新製品の導入、新市場や新資源の開拓、新しい経営組織の実施などを含めた概念」であり、単なる技術革新ではないと述べている。

カバさんが求めるものも、正にこの渡が述べるイノベーションの定義と一致していると思った。もちろん、ホーセンさんも水素エネルギーの利用が本格化して何十年か先に、大量の蓄電能力が完成すれば、今の電力会社の形態も当然変わってくると思っている。だが、電気は一億二千万人が低廉かつ安全に安定的に使えるように供給する責任が在る。資源のない日本では、今もところ先人が懸命に苦心して作り上げた宝物の原子力発電所（約四千五百万KW）を、大事にかつくれぐれも安全に使っていく必要が在る。その役割と安定供給は明治十年（一八七七年）以来百四十年間近い間の、電気事業発展の工夫の上に成り立っている《大切なシステム》を崩すべきではないと思っている。

選挙戦で演説中のカバさん

次に、観光は、これからの地方の時代に、わが国の最も重要な経済活性化の手段である。

すでに、ビジットジャパンのキャッチフレーズのもとに小泉政権下において、観光客を海外から呼び込む施策が展開されてきたが、今や多くの自治体や地域が中心になって、入り乱れて施策を練り観光業界をも巻き込み、猛烈な競争が展開されている。

「整然となど無理。みんなが積極果敢に入り乱れて工夫を施し、競争していくしかなかろう」というのが、熊本大学学長谷口功の言葉だ。谷口はいまや、蒲島が最も信頼するブレーンの一人であり、同時に全九州における知的重鎮の一人だ。

名峰阿蘇の自然美

さて知事カバさんは、マニフェストに挙げている通り、観光案内所などを動員して、全ての智恵を挙げて九州新幹線の全線開業をチャンスと捉え、「ストーリー性のある観光戦略」を展開中である。

例えば「阿蘇」をテーマに《歩いて楽しむ「フットパス阿蘇」、自転車での「ツール・ド・阿蘇」》などを展開する。大河ドラマに合わせた五木・五家荘の平家落人伝説の旅、菊池川温泉郷の旅などを売り込む予定である。だが、これらはマニフェストに乗せた例示に過ぎない。蒲島はもっと深みのある戦略を練っていることだろう。

問題は、鹿児島や福岡との競争と協調である。

平成二十三年（二〇一一年）の九州新幹線全線開業は、3・11直後だったので記念式典を自粛した。この三月十七日に改めてJR九州の社長唐池浩二がテープカットをして、開業一周年を祝った。偶然縁あってわが夫婦は、一番人気の列車内に乙姫様がサービスに来る「指宿たまて箱号」に乗車し慌しく温泉旅行。新幹線さくら、博多から鹿児島中央まで一時間二十四分、鹿児島中央から指宿までのたまて箱号五十五分の計二時間十九分の旅。

一方、カバさん知事の熊本の旅は、同じく新幹線さくらで博多から熊本三十七分、熊本から三角を経て天草まで、観光列車「A列車で行こう」と天草宝島ライン号を乗り継ぎ一時間四十六分の合計二時間二十三分の旅。

ほとんど乗車時間は変わりない。九州新幹線は、毎日三十七本、往復七十四本も運行さ

九州新幹線全線開通・熊本県での祝典

れている。博多からの旅人はともかく、大阪や京都、或いは岡山や広島などからの観光客にとっては、熊本で降りるインセンティブも当然ある。そのためには、すでにホテル・旅館が二百軒以上に膨らみ、さらに増加中の福岡（博多）との連携は欠かせないだろう。

また外国人を含め観光客を呼び込むための工夫としては、鳥の目（グローバル俯瞰）・虫の目（歴史洞察検証）・魚の目（現場認識）の三点を総合した正に戦略工夫が要る。

観光誘引についてホーセンさんは以前からカバさんに、地元の名士たちとの交流の中から「フランス化」と称して、次の六点を眼中に初心に帰って戦略戦術を考えたらどうかとアドバイスして来た。

しかし、今やそれを《くまモン》営業部長の新たな戦略として、「くまもと《サプライズ》」の展開の中に、徐々にかつ大胆に、県庁くまモンチームが具体的に展開中である。

六点とは……

＊来る人にとって価値があり買いたいと思う光る商品が在るか

＊わざわざ見物に来るほどの魅力あるものが存在するか

カバさん知事が営業部長に任命した「くまモン」

＊日本（九州地域）の美を強調出来るか
＊楽しいと感じるおもてなしの旅行が出来るか
＊とても美味しいという名物が在るか
＊遣って来ると健康が回復出来るか

蒲島は多分、こうしたことを踏まえて懸命に新たな戦略を企てていることだろう。

熊本に取っては、人材雇用と経済の建て直しが、今や農林水産業の改革推進に欠かせない最も重要課題である。

そういう意味で、今回のマニフェストに謳った「稼げる農林水産業への再生」というキャッチフレーズは、真に時宜を得た提言だと言える。

「農地集積を緊急的・重点的に加速させるため、農地の《出し手・受け手両方》を支援する【熊本県独自の交付金制度】を創設します。さらに、集約の中心的受け手となるＪＡや集落が中心となった農業生産法人の設立を促します」

こうマニフェストに具体的に書かれており、既に取り組みが進んでいるようである。

本件も、ホーセンさんが以前から、その重要性を認識して種々の提言を行ってきたところだが、カバさん知事が着眼点の第一に農地の集約化と、現実に放棄されている田畑を蘇らせる工夫を先頭に立って行うという、その意義はきわめて大きい。本来なら、制定以来、既に六十年を経た農地法そのものの改定、ないし廃止が必要なところだが、それに代わるものとして、大規模農地の集約方策は、次善の策としてとても必要なことである。

さらに「活力ある農林水産業の担い手を育てる」ため、就農までの研修期間と就農直後の所得を補う国の青年就農者給付金制度を最大限活用して、「就農相談→研修→独立→定着の各段階に応じた、総合的かつ切れ目のないサポート体制の構築」ということを、特に強調している。ＪＡ出身のカバさん知事が、最も深く認識していることだろう。

序でながら、農業（コメ）と熊本のおいしい水と関係したものとして、球磨焼酎がある。カバさんは、みずから「球磨焼酎大使」を名乗って、その宣伝に積極的に活動している。以前、球磨焼酎の本場、人吉市商工会議所会頭を務める堤正博・繊月酒造社長をホーセンさんが訪問した折、わざわざ知事が「本物のおいしい焼酎づくりを見学すべし」とエールを送ってくれたほどだ。堤社長は、九電相談役・松尾新吾の人吉中学校の後輩でもある。

後日談になり恐縮だが、今回二期目に立候補したカバさんを激励するため、ホーセンさんが投票日三月二十五日の前々日、土砂降りの雨の中を訪ねた。夕方からの風雨は、バケツをひっくり返したような激しさだ。

彼はびしょ濡れだったが、日焼けした逞しい姿の蒲島と短い時間だが夕食を共にした。その時の最初の言葉が、「四年前と同じく、全部熊本中を回りましたよ。広いですね熊本は……県民の皆さんにこれだけしっかり会えるというのは、幸せなことです」と述べて、疲れも見せずにっこりと笑い、本当に幸せそうな顔をした。選挙戦最後の明日は熊本市内を回ると言っていた。

「あくまで、自分の信念を語り続けて、熊本中を回ってきたが、こんな良い所は世界中どこを探しても無いと思った」と、カバさんは心情を吐露した。

約七千四百五平方キロという熊本の面積は、わが国全体の二%、しかし九州の四万二千百七十七平方キロに対しては、十七・五%に当たる。関東平野に在る埼玉県の約二倍の広さだ。

球磨焼酎大使・蒲島知事と堤正博・人吉商工会議所会頭

熊本県知事室の球磨焼酎棚

　ホーセンさん若い頃、その埼玉で企業の責任者をしていたことがある。従業員五千名が、県全体に展開していたので隈なく回って見た。その小さな埼玉でも、五日間掛けても、全部は回り切れなかったのを覚えている。

　ましてや、カバさんは選挙である。約百八十一万人県民全員に、一人でも多く平等に会わなければ意味が無い。埼玉の二倍の広さの熊本県を、約三週間で満遍なく踏破するのは大変である。「広いね」と言った言葉に実感が籠もっていた。

２期目の当選を果たし初登庁するカバさん知事

　彼の誠実さが、功を奏したのであろう。投票総数の約九十％以上の得票という圧倒的な信認を得て五十万票の差を付け再選を果たした。彼はその直後にスタッフを集めて、選挙中に出したマニフェストを詳細に検討し、実施可能なものから展開していけるよう、スケジュールを再点検した。

3・「アジアとつながる」

二期目のカバさん知事のマニフェストに在る「活力を創る」ということにも、また「安心を実現する」さらに「百年の礎を築く」という目標の推進にも、重要な前提条件として結び付くものである。それは、《アジアとつながること》である。

人間の集団においては、停滞は目標にならない。常に何時もどんな場合も、リーダーは、前に進み成長の《起因が何であるか》を、集団に分かりやすく示されなければ、活力も《熱気》出てこないし、集団の世論が安心しない。さらに、長期ビジョンも打ち立てられない。

すなわち、今日のようにグローバル化が一層進化する時代における、《起因》となるものをカバさんこと蒲島マニフェストは、「アジアとつながる」というキャッチフレーズに集約した。

すなわち、カバさんがいう「アジアとつながる」というのは、日本の中で打ち立てた目線でなく、《アジアという現場の目線》で考えていこうということである。グローバル化とは、そういうことだというのである。

カバさんは今回の選挙で、これからの時代に、誰もが認める中国を中心としたアジアが成長センターという定義を、どのように具体的に解釈し、かつ取り組みを展開していくかを、重要なマニフェストに掲げて勝利した。

そこで、県民に示すアクションのステップ創りに、先ほどの五百旗頭真を据え、最大のブレーンかつ指南役として登用することにしたのであろう。

「五百旗頭真が熊本県立大学理事長に就任」という記事が、この三月下旬にニュースとなって流れた。解説記事も幾つかあったが、その中に彼が第一に昨年の大震災における政府の復興構想会議の議長を務めたこと、そして第二に実際の災害復旧に大きく寄与した自衛隊の幹部育成学校の校長であったこと、さらに第三に阪神淡路大震災の復興復旧にもかかわっていること、を特に強調していたのが印象的だった。

カバさん知事は、マニフェストですでに「熊本をこれから日本列島やさらに海外で、大災害が起きた折の《復旧・復興センター》にしたい」という構想を、打ち出している。正に五百旗頭を、カバさんが指南役にする所以でもあろう。

アジアにつなぐ手段は何か、カバさんは以下の通り、四つほどかなり具体的に示してある
一つ目が、アジアの市場に打って出ること。

二つ目は、アジアの拠点である香港・シンガポール・台湾にビジネスアドバイザーを早々

に配置し、農産物や事業の進出を積極的に進めるＪＡや個別企業の相談支援を行う。

三つ目は、中国上海に熊本市と熊本大学と県が、共同で開設した拠点事務所を介して、中国やアセアン諸国への県産品販売、逆に当該国からの観光客誘致を積極化する。

四つ目は、友好三十周年の中国広西自治区首都南寧と熊本間に、チャーター便を開設し新たなビジネス展開の協定を締結する。

五つ目は、アジア各国の医療・介護・福祉の行政職員や研究者などが、認知症医療等の分野における「熊本モデル」を、各大学や関係団体と協力し、研究体制を整備し、交流を促進する。

六つ目に、辛亥革命に大きな影響を与えた荒尾出身の宮崎滔天をクローズアップし、日中友好のシンボルとして展開する。

このように、例示も具体的だがさらに、カバさんは戦略をきめ細かく展開していくことだろう。常に考え、「期待値を超えること」を身上とするのが、彼のすごいところだ。よって、彼に言わせると、選挙中のマニフェストは最低の約束事であり、どこかの既成政党のように、書いた事も反故にしてしまうのとは、まるっきり違うということだ。

4．「安心を実現する」

①県民への約束

カバさん知事が二期目に、熊本県民に示した約束を大きく挙げれば次の四つである。

①「活力を創る」
②「アジアとつながる」
③「安心を実現する」
④「百年の礎を築く」

先ほどすでに「活力」と「アジア」を取り上げた。「安心を実現する」と「百年を築く」を中心に織り上げるが、それをホーセンさんは《くまモン》と結び付けて見た。

何故なら、一期目にカバさんが当選して、カバさんが県民と約束したマニフェストを具体化しようとしたとき、未だ《くまモン》は居なかった。カバさんが任命する営業部長は、居なかったのでカバさん自身が例えば「球磨焼酎特命大使」というような肩書を創って、県民の安心と未来の礎を創り上げようとした。

ところが、これからはカバさん知事の名代として、今や強力な営業部長が存在する。しかの神出鬼没に全国各地に現れる。正に、カバさん知事の化身のようである。

そこで先ずは、《くまモン》に乗せて「安心の実現」を取り上げてみよう。

国語辞典によると、安心とは「心を安ずること」「心配の無いこと」などと説明してある。要するに、飽くまで一人ひとりの人間が安んじて毎日を過ごせるかどうか、そうした精神の安らぎが《安心》ということを論じる時の基本である。

もちろん、リーダーにはそれぞれに自分が何を目標にしているかによって、追求し求める《安心》の対象や中身が異なるだろう。例えば、総理大臣は身命を賭して国家そのものの安定と安全を追求することによって、国民の安心を得ることになる。よって世界との対峙もそして、国家の財政経済の秩序を図ることも、国民の精神的安寧安心のための目標であろう。そうであるとすれば、果たして現在のころころと変わるわが国の総理大臣が、果たして《安心》の真髄について身を賭して、追求しているといえるだろうか。そうはとても思えない。

一方、二君に仕えずと宣言したカバさんこと県知事蒲島の目標は、飽くまで熊本県民の幸せの実現でなくてはならない。

そして、そこには《安心の具体策》と、そのための《福祉が生み出す産業育成》、そしてさらに《美しい「くまもと」の追求》という、三本柱が同時に推進されなければならない。この三つを取り上げてみよう。

②安心方策

蒲島のマニフェストには、そのことについて次の五点に亘って明確に示している。ちょっと、長くなるが概要を触れて見よう。何故なら、そこには彼が身を賭して県民の幸せを追求する姿が、明確に写し出されているからだ。

第一に、いつまでも元気に長生き：シルバーインストラクター制度の創設等、高齢者の生きがい創りを　行うこと。また、子供の頃からの健康づくりを基本に、健康寿命を延ばす県民運動を推進すること。

第二に、年金プラスのシルバーライフを実現：農業と福祉が連携して、高齢者を主役としたコミュニティビジネスを支援すること。

第三に、介護が必要になっても安心：県民総ヘルパー運動を実施するなどにより、特に《認知症サポーターが日本一活動するくまもと県》にすること。もちろんこのためには、益々ヘルパーやサポーターが活躍する介護の現場では、高度情報システムの多角的構築や、一層科学技術の粋を生かした自動化機器の活用などが、必要になってこよう。サポーター自体が高齢化するので、それをさらにサポートする体制が要る。それは、言うまでもなくセンサーなど高度機器を活用した、精密な自動化システムの活用によって具体化する。熊本には高齢者の自宅をセンサーで監視し見守るシステムを活用し始めた市町村もある。

第四に、病気になっても安心：特に熊本モデルと言われる2層構造（基幹型センター、地域拠点型センター）の認知症疾患医療センターとかかりつけ医との連携を強化し、3層構造の《新たな熊本モデル》を構築する。

第五には、長寿を支える環境を整備：カバさん知事がマニフェストで掲げた「安心を実現する」ことのベースは、熊本県全体の組織的支援体制の構築である。そこには要約すると、次の点を挙げている。一つは、家族が居ない高齢者・障害者の権利の擁護→市町村と連携した成年後見体制制度の整備の具体化。二つは、医療従事者の就業環境の整備→医師・看護師不足に対応し、幅広い診療活動が出来る人材の確保と育成の積極化である。

③福祉と新興産業育成策

上述の「安心方策」の前提としての《福祉》を、熊本の新たな成長産業に結び付けることを、本格的に目指すこと。

これこそ、アメリカで身を挺して深く学び経験した者でないと、生まれてこない発想だろう。何故なら、一般的に《福祉》といえばわが国では今まで、役所などが作った箱ものに結び付ける。よって最近では、ボランティア的にやる仕事、しかも子育てや失業手当とか、医療や介護のための施設を如何に運用するか云々、というようなイメージになりがちである。

だが、わが国のように成熟化し高齢化が明確な国での産業構造の基本は、これからは間違いなくサービス産業により維持される社会で無ければ成り立たない。よって、本来の《福祉》は基本的に真に重要な「基幹産業」と定義するのが、私は正しいと以前から考えてきた。蒲島のマニフェストは、正に明確にこの点が謳われている。

マニフェストを見てみると、「福祉に携わる職員が、その大切さが正当に評価され、誇りを持って職業として選択する時代」を目指すことが書かれていた。よって、《福祉》という言葉には、介護・医療・看護・保育などが全て織り込まれなければならない。

同時に、それを支える運輸・食品・薬品・衣服・住居・健康増進施設や器具そして電気エネルギー・交通網や救急作業、さらには安心安全の通信や監視システムとセキュリティ網の整備など、全てが《福祉総合産業》といっても可笑しくはない。

またそうしたものを、総合的につかさどる総合システムの構築が求められる。それには、長い間の経験に裏づけされた地域に根付いた人脈が要る。知事蒲島は、こうした産業構造の変化を先取りして、《安心して長寿を恐れないくまもと》を、新産業の創出ということにまで結び付けているのだ。

専門の学者の中には、日本の経済成長を支えて来た自動車や家電や電気機器など製造業を中心とした産業構造を、早々に見直して、「成長」という言葉と「製造事業」を結び付けるのを止めるべしと激しく警鐘する人もいる。

この意見が、間違っているという積もりは無い。だが、価値観を変えて上述のように、新たな「福祉」を中心に据えた新たな産業構造方策を考えることになれば、「産業のメインシステム→製造事業」ということから、「産業のサブシステム→サービス産業」という今までの考えを転換することだと私は考えている。

今や、メインシステムが福祉を中心にした「サービス事業」であり、それを支えるサブシステムが「製造事業」という認識になりつつあるということだろう。

熊本港ガントリークレーン

知事が力を入れている熊本港の整備も、新たな福祉拡大を視野に入れた、海外展開のための、インフラ整備の一環であろう。

④美しい「くまもと」の追求

「安心」と結び付けて、もう一つ蒲島がマニフェストに打ち出したものが在る。それは、彼の少年の頃からの、本能的な基調でも在る《美》への憧れと結び付いている。

ホーセンさんがカバさんと話していると、会話の中にそれとなく出て来るのは熊本の名峰「阿蘇」の《自然美》である。彼は、学校をサボッて阿蘇の山々を見た廻りかつ寝転んで若葉の匂いをかみしめたというが、これはサボッたのではなく本能的に少年の頃から、真剣に「美の観察」をしていたのだろうと解釈すべきだと思う。

《美》とは、われわれ人間にとっては、正に「不易」な存在である。もちろん、歴史的な流れと変化、地域地方の地勢や環境の違い、文化文明の発達発展の度合い、さらには民族や人種などその集団が持つ特異性等々によって、美しいものへの憧憬や価値意識は当然に異なるだろう。

一般的に言えば、例えば日本人にとっては「桜の花」は、真に美しいものである。今年もあちこち日本中の桜の名所の行事が、メディアの話題になった。漸くその便りが、大震災からの復興の兆しともされた。ところが、この「桜」への美的認識は、一般的なアメリカ人にとっては、われわれ日本人ほどの憧憬は無いようであるという。

お年を取られて日本に帰化した、あの著名なドナルド・キーンのように、日本の自然美をこよなく愛する人は別として、一般的には無数に咲き誇る桜樹よりも、一輪の真っ赤なバラの方が美的感覚を擽られるというのである。しかし、蒲島は間違いなく熊本を愛する日本人だから、桜花にはもちろん憧憬の念を抱くのだ。

その自然美が、カバさんのマニフェストの中に出て来る「新たなかたちの霊園」ということになるのではなかろうか。人々が、自然の美の中で安らかに眠りに付けるという、《安心》の創出が彼の命を賭して、2期目の公職を全うしたいという願望になったのだ。

鞠智城跡に再現された八角鼓楼

水前寺成趣園（古今伝授の間から）

熊本県山鹿市の「番所の棚田」

山鹿灯籠まつり

「専門家や県民（市民）の議論を踏まえ」とマニフェストには在るが、多分これからのカバさん知事蒲島の具体策の絵がすでに頭の中に描かれているような気もする。

5・「百年の礎を築く」

①先読みをするカバさん知事

二期目を目指した熊本県知事蒲島郁夫が、二〇一二年四月定例県議会初日に県民に示したマニフェストの最後に「百年の礎を築く」という、堂々としたビジョンがある。蒲島らしいと言えるし、また思い切った当然の提言だと言えばその通りだろう。

中身を見ると、世界へ向けてのインフラの整備から、歴史・文化・教育など《くまもとの基本的な骨格を再チェック の上、再構築し新たな付加価値を付ける》、という大きな野心が感じられる。よって、阿蘇の風景同様に構想は実

鹿本町・一本松公園にある「石のかざぐるま」

鞠智城跡から出土した百済菩薩立像

に雄大である。「先読み《proactive》」するカバさんの、実に見事なアイデアである。

主な点を挙げてみよう。

＊州都を構想する
＊大空港構想を進める
＊世界的な熊本駅に
＊すべての道は熊本に通じる

そしてその基本には、あくまで《根本を忘れず》の気構えがある。リーダーには、これが在るか無いかが問われる。

そしていま、カバさんが生み出した、営業部長の《くまモン》を、縦横無尽に活用して大きな夢を一層膨らませている。

熊本城

藤崎八旛宮（熊本市）

②公共財としての《電気》の大切さを忘れないカバさん知事

最近の政治論争を見ていると、政策の根本は何かを忘れて議論されているものが多い。原子力に関するエネルギー論争が、正にこうした日本人独特の体質を表したものになっている。

論争の基本に、天災であろうが無かろうが、事故を起こし放射性物質を排出した原子力発電忌避という結論がある。だから、福島の事故が十分検証されていないのに、原子力発電所を再稼動するのは危険だ、止めてくれという結論になる。当面我慢してでも、自然エネルギー（太陽光・風力・バイオ・地熱・水力等）を導入して、危険な原子力発電依存を脱却すべしと主張する。

これは、《電気》が水や空気と同じく、今や正に国家国民にとって生きていくために、最も必要かつ不可欠な「公共財」のようなものであるという、物事の本質すなわち《根本》を、すっかり忘れた話である。家庭の電灯も冷蔵庫もテレビも、パソコンや自動印刷機も、マンションのエレベータや水道や冷暖房、さらにトイレや携帯電話も地下鉄も、それに交通信号やコンビニエンスストアーでさえ、何しろ《電気》が無かったら、完全に動かない。

カバさんは、かつて荒瀬川ダムの撤去を逡巡したことがあった。それは、彼が小学生の頃このダムで起こした水力発電所の電気が、自宅の電灯を点してくれたという根本を思い出したからだった。

今議論になっている原子力発電所についても、政治家はもちろん学者や専門家の感覚の中に、《電気》が誰もが安くて便利に利用出来る「公共財」である、という根本を忘れて議論されては成り立たないのだ。

わが国が、原子力発電を大量に導入したのは、正に資源の殆ど無い日本という国が、世界に伍していくために、CO_2も発生せず低廉かつ豊富に《電気》を供給してくれるのは、原子力発電しか無いと、国家と国民が考えたからだという根本を忘れては、意味が無いのだ。とにかく現在の電気代の、三倍も四倍もする価格で自然エネルギーが作り出した電気を、電力会社に買い取らせ、全てを電気料金に上乗せするというような政策は、「電気はあくまで低廉且つ安定的な公共財」という《根本主旨》を忘れてしまった方向である。

こうした自然エネルギーが、開発出来るようになったのは、いうまでもなくＯＰＥＣによる石油価格の高騰で、高い開発コストでも何とかペイするようになったからだ。

風力発電を大量に開発しているドイツは、片や低廉な原子力発電の電気を大幅にフランスから輸入している。フランスは、資源が無いので原子力発電が唯一の低廉豊富な電気を作り出す方法しかない、という国家の方針を建てた。同じく資源がないハンガリー、チェコ、スロバキアはフランスと同じく、原子力発電に頼っている。

ところで、ご存じだろうか。アメリカ、ロシア、中国、イギリス、ノルウエー、ポーランドなどは、多かれ少なかれ日本と違って、国内にエネルギー資源を持っている。ドイツも豊富な褐炭が在る。国内に資源がないイタリアやスイスやオーストリアなどは、直ぐそばの地続きの国から、豊富な電気を輸入できる。

よって日本がドイツとは、国の地勢も或いは地政も電気消費量の大きさも、全く異なることをすっかり忘れて、ドイツに負けているという主張は成り立たない。

今や低廉な電気を、使えなく成りつつある日本の産業、その中でも特に中小企業は、遠からずして衰退していく。このような、間違った日本のエネルギー戦略は、早いうちにどこかで断ち切らなければ、わが国自体が沈没しかねない。

そこへいくと、カバさん知事のマニフェストには、そうした根本を誤るようなものは無い。

③九州の州都を熊本に、その四つの条件とは

カバさん知事のマニフェストには、「州都を構想する」と書いてある。九州七県の知事会が一体となって、道州制を先取りした取り組みを進めると述べ、さらにその議論をリードするために「将来の州都を睨んだ構想づくりをすすめる」と述べている。

この発想は、地方の時代へ向けて動き出しているわが国の、大局的ないしグローバルな流れに、新たな動きを付加するものとして重要である。

このカバさんの発想は、単純ではない。もちろん、幾つかの世界的かつ歴史的な検証の結果であろう。私が調べただけでも、熊本を九州の州都にという考え方は、かなり理と利にかなったものであると思っている。次にそれを三つほど挙げてみよう。

第一に、世界の歴史の中で首都が栄える条件には、「後背地に豊かな農業、すなわち水と食料の存在が不可欠だった」という鉄則があることだ。もちろん、そうした意味では、現在の九州の中心都市福岡やその他各県の県庁所在地が、この第一の条件に欠けているという意味ではない。そうした中で、熊本は誰でもが絶賛する《阿蘇》の自然美・ミネラル豊富な伏流水・農牧森林が存在する。

第二に、九州の州都に相応しい、象徴的な歴史遺産があるかどうかという点だ。もちろ

ん、九州だけではなく他からも認められるものである。そういう意味では、加藤清正が遺した五十四万石の名城《熊本城》は、その最たるものだ。

　この城は、首都に相応しい品格を備えており、もし熊本が九州府の州都となった場合は、この城の一角がその機能を果たすことになると思われる。もちろん、この熊本城は明治十年（一八七七）の内戦で焼失した後、戦後昭和三十五年（一九六〇）に復元し、平成九年（一九九七）に補完したものだ。さらに最近、新たに主要な本殿が建てられ観光の目玉となっている。

熊本国際空港

　第三に、九州府の地形に相応しい場所であることが、条件の一つとして重要である。

　国際化が、一層重要視されるこれからの世の中を考えると、グローバルな観点も問われると思う。

　当然のことながら、確かに熊本は九州という地図を見ると、間違いなく地形的な中心に存在している。一方物流の流れを見ると、空港の存在は大きい。最近の九州新幹線の開通で、博多駅から熊本までは僅か三十分で行ける。一方、空港についてはカバさんがマニフェストで、すでに次のように述べているのが印象的だ。

「熊本の空の玄関口である阿蘇くまもと空港と、その周辺地域の持つ可能性を最大化するため、《品格あふれる美しさ》《先端技術産業の知の集積》《九州を支える空港機能》が調和した、『大空港構想』を推進する」

④英語が識字率になる日

カバさんは、以前から州都に相応しい県民の品格と民力アップが、大きな条件の一つだと言っている。

すでに紹介したように、前防衛大学学校長の五百旗頭真を熊本県立大学理事長に招聘したが、カバさんは《永遠の戦友》という五百旗頭を最大限のブレーンとしての活用を考えている。

ホーセンさんがこの二月、横須賀の小原台に在る防衛大学を見学した折、自衛隊の幹部候補生となる彼らは、全てバイリンガルに育てるという言葉が印象的であった。

最近大学の講義でも、或いはグローバルに展開している企業でも、英語が会話として普通になってきつつあると聞く。つい数日前に会った慶應義塾大学経済学部の嘉治佐保子教授は、「私の講義は全て英語です」と当然のように述べていた。外資系の企業では、もちろん採用の時点で「英語を話せるかどうか」が、条件の必須になっている。

カバさん知事は、苦労してアメリカの大学を卒業し、さらにハーバード大学でポリティカル・エコノミックスの博士号を取得した人物であるから、もちろんバイリンガルだ。

中学校を訪問したカバさん知事

その知事が、「熊本県民の品格を高める」という要素の一つに、おそらくグローバル化戦略として、県民の語学力アップがあるように思う。熊本では、知事のイニシアティブにより、県独自で中学生の英語音声ＣＤテキストを作成し、中学生全員に配布している。その中には熊本の文化や歴史、自然などの内容が盛り込まれており、地域に関心を持ちながら世界へ羽ばたくことが期待されている。当然、他の県も「英語は識字率」ということを念頭に、挑戦してくるだろう。

しかし、カバさんのいう《県民品格のアップ》の考え方には、「単に英語が出来るだけでは問題」という意識が当然にある。マニフェストに「熊本時習館構想」ということが、謳われている。これは、かつての熊本藩の藩校「時習館」の名の下に、生徒が学校の垣根を越え、交流、切磋琢磨しながら、それぞれの夢の実現を図るというものである。その中でも、将来のリーダーとなる人材を輩出するための海外の難関大学への進学支援制度の創設がされている。この時習館の塾長に、カバさんは戦友の五百旗頭を据えた。彼は、わが国の最高の文化人だと評される文化功労者の一人である。

⑤人生百歳時代に結びつく、カバさんの夢

以前、未だ東京大学の教授だった頃のカバさんこと蒲島郁夫が、ホーセンさんの主宰する研究会で、「政治家は目先のことで右往左往するのでなく、もっと長い目で自分の信条を追求するような人物こそ本物だ。そういう人物を是非育てたいと思う」と、述べたことがあった。総理大臣が、しょっちゅう代わり始めた頃のことである。

県知事二期目のカバさんが、熊本県民に「約束する」として示したマニフェストの4大項目の一つに、《百年の礎を築く》という文字があったことは、すでに述べた通りである。カバさん自身は、十年以上前のことだから覚えていないかもしれない。だが、ホーセンさ

んは、現在実施中の二期目のマニフェストの内容を見て、彼の学問の基本的な考えがそこにあること、そして本筋は変っていないと思うと同時に、この文字の重みを種々考えて見た。

思い付いたのは、「百年」と云う長さと、人間の人生との関係である。欧米先進国から、日本が未だ《半開の国》と見られていた明治時代。それは大雑把に言って、今から百数十年前のことだが、当時は「人生五十年」と言われた時代であった。

現在では五十才ぐらいの人は、ビジネスマンなら最も能力を発揮し会社運営の中心になっている層である。政治家も役人も、また学者も同じだろう。ところが、百数十年前から少なくとも五十年ぐらい前までは、五十才に成った人たちなら、すでに第一線から引退していた。その時代に生まれた人々にとっての「百年」とは、一体どのような感覚だったかということである。

昔の偉人たちはもちろんだが、当時の人たちは自分の生涯の二倍にもなる百年という年月の話について、とても長い先の話であり、自分たちの思考の範囲外にふったのではなかろうか。

式年遷宮という、日本の国造りとも結び付く神事がある。平成二十五年（二〇一三年）

は遷宮の年で在る。遷宮は、二十年置きに行われる。もちろん、五十年の人生という時代を考えれば、親子の代変りは概ね二十年だった。従って、当時の国造りを行う政治のリーダーたちも、全て二十年という年月を意識して、あらゆる必要な知識や技能を修得し、また次の代に引き継いで行った。また、精神的支柱としての国家の宗教文化や後輩の育成などのターゲットを、二十年間ということに求めたのであろう。

「技術の伝承や農耕や生活習慣などが、二十年間で巡って来る式年遷宮の神事の仕切りによって、国家が新生されかつ維持発展していく節目とされた」のだ。すでに、二十年も前になるが、前回の式年遷宮の折、ホーセンさんが、伊勢神宮に参拝した時、そうした説明を社務所で受けたことを思い出した。

ところが、言うまでもなく現代は正に、「人生百年」の時代になりつつある。諺に言う「四十、五十は洟垂れ小僧、人の盛りは七、八十」ということをも追い越し、もう十年もすると間違いなく、《人の盛りは百余年》と言っても可笑しくないと言うように成りそうだ。

すでに、その兆候が明確に現れている。例えば、私が住む福岡市は現在の人口が百五十万人だが、毎年約一万人ずつ増え続けている。ところが中味を見ると、一番増えているのは、何と七十五才以上の人たち。むしろ、十四才から六十五才までの人たちは、逆に急激に減りつつあるという結果が出ている。

今後の人材対策のポートフォリオを、しっかり描き持っていないと、とんでもないことに成りそうだ。一方その結果は、間違いなく「人生百年の時代」に向かっている証拠でもあるのだ。多分、今年政令指定都市になった熊本市も、福岡と同じく、或いはそれ以上に、七十五才以上の方々が急増している。

したがって熊本県知事カバさんが、「百年の礎を築く」と言う意味には、真に私ども人間の生き甲斐と非常に大きく結び付いていると思われる。

このためには、すでに取り上げた「州都を構想する」「大空港構想を進める」「世界的な熊本駅に」「すべての道は熊本に通じる」「拠点性を高める」、というような具体策を確実にするための、基礎的資源の構築が必要である。それについて、以下若干触れて見よう。

⑥悠久の宝の継承と一層の充実

「ラフカディオ・ハーンが提唱した《簡易・善良・素朴》の熊本スピリッツ（精神）のもと、特に、熊本の誇りであり宝である〔熊本の地下水〕〔加藤・細川四百年の歴史・文化〕〔阿蘇の草原〕をはじめとする熊本の優れた文化や、先人達によって慈しみ、守られてきた豊かで心安らぐ熊本の原風景を守り、磨き上げ、次世代へと継承します」と、マニフェストに明確に表現されている。

カバさんが述べる《百年の礎》を築くためには、こうした熊本の「宝物」を忘れずに、一層磨いていく努力がなくてはならないのである。このことを、彼は県民に強く訴えたのだと思う。

文化遺産は、磨かなければ光らない。もちろん磨くのは、熊本に住む百八十万人の県民一人ひとりのたゆまぬ努力である。「継続こそ力」と言うが、その通りだと思う。意味が若干異なるが、先ごろ紹介したマカオの文化遺産は、そこに住む住民たちの懸命な努力のお陰である。

今から、十三年前にポルトガルから中国に返還されたマカオは、中国政府の方針によって、五十年間は「一国二制度という統治方針が決まった。香港も同じである。そこで、マカオ自治政府は約五年間を掛けて、ポルトガル植民地時代の建物や道路などを一生懸命に磨き挙げた。例えば石畳の道路は、ポルトガルから本物を輸入して美しくし修復したし、フランシスコ・ザビエルが滞留したというカトリック教会や、ポルトガル風の家並みや商店街も復活した。

こうして、返還から六年目にして、国連の定める文化遺産に登録出来たという。ホーセンさんが福岡の仲間、ホテルオークラ社長の水嶋修三、久留米大学特任教授の渡辺清隆、元九電工副社長の宗　敏之などとともに、昨年秋にマカオを訪問した。

ラフカディオ・ハーンの明言通りの「簡易・善良・素朴」という言葉にピッタリと当てはまる、その石畳を闊歩しながら、マカオの昔の姿を見学出来た。中世ヨーロッパの実に美しい町並みが、何とマカオに在るのだ。

熊本においても、名水そして温泉湯や緑豊かな草原、そして一方計画的に創られていった城下町の風情や田園風景といったような・・・これこそ熊本が、他の地域に引け劣らないもの。それは確実に、加藤清正と細川家の歴代藩主たちと、それを支えた地域住民たちの遺産を、再構築するということに繋がるということだろう。

そして、これまた新たな意匠とともに、カバさんの特命営業部長《くまモン》が神出鬼没の活躍で、歴史遺産の宣伝に海外を含めて偉大な貢献をしつつあるし、さらに促進していくことだろう。

⑦戦友・五百旗頭真を呼び込んだ蒲島知事

三月下旬の各紙に、五年半勤めた防衛大学校の学校長を月末退任する五百旗頭真が、熊本県立大学の理事長に就任の予定という記事が載った。

知り合いは大方驚いたようだった。さらに、びっくりした某地元紙の記者が、カバさんこと蒲島と五百旗頭の名コンビが、九州に新たな旋風を巻き起こすと面白い、「だが驚いたね」とわざわざ電話して来たのだ。

ところが、実はホーセンさん自身はこの話を聞いても、全く驚かなかった。それには、訳がある。

実は五百旗頭から、「防衛大学校を見学に来ないか、参考になるよ」と言われて既に数年が過ぎていた。ところが、前述したように《かばしま政策研究塾》を正月に開催するため、今回は来てくれるのかどうか、それに別途ホーセンさん自身が主宰している東京での研究会で、講演してくれないかと、直接電話したことがあった。昨年の暮れのことだ。

電話口に出た五百旗頭が、ホーセンさんの要件は判ったが・・・「ところで防衛大学の見学には、何時来てくれるの?」と言うではないか。

そこで咄嗟に「来年は是非そのつもり」と述べると、「早く来ないと、居なくなるよ」

という。

彼は知る人ぞ知る通り、元首相の小泉純一郎に要請され、三顧の礼で招かれて防衛大学校校長を引き受けたという経緯がある。したがって余程のことでなければ、辞める必要は無いのだが、防衛大学校校長は特別公務員である。要するに彼も高級官僚と同じ身分だから、年齢制限により六十七才で定年になるというわけだ。よって、この三月末で引退することになっていたのである。

こうしてホーセンさんは義理堅く、二月中旬二回に亘り横須賀にある、わが国の自衛隊幹部候補生の養成所、すなわち二千名以上を、厳しく学びかつ訓練している本拠地の防衛大学校を、約三十名の仲間を連れて見学してきた。結果は、実に有意義だった。

「学校を辞めて、後どうするんですか?」と、ホーセンさんが聞くと思わぬ話が出て来た。

「うん……蒲島さんが何か考えてくれているようだよ」

「じゃー、本拠地はこれから熊本に?」

「神戸と熊本ということかも」

「そうですか、じゃー時々お会いできますね」

そんな会話をしたことがあった。それが、小宮山宏とやっているＴＭ研究会の研究総会の日、二月二十三日であり五百旗頭が講演に来てくれた折だ。そして、ちょうど一ヵ月後の三月二十三日がカバさんに会った日だった。その時、カバさんが食事をしながら「五百旗頭さんが、こっちに来る話は知ってますか?」と述べた。

「詳しくは知らないけど、県知事がいろいろ考えているようだから、熊本に行くかも知れないと言ってましたよ」と、ホーセンさんが応えた。

すると、蒲島が述べた。

「こっちの大学に来て貰うつもり……一緒に熊本を世界一の、素晴らしい所にしたいと思っている。協力してね」

「マニフェストに、《知の集積》というのがあったね。あれですね」

「もちろん、それも重要。もっと熊本の知名度を挙げる必要がある。それには、みんなが必要とする熊本になることだと思っている」

そんなやり取りをしたのを思い出した。

第二章　《くまモン》博士カバさん

1・カバさんの閃き、《くまモン》発見

リーダーとは何か。はっきり言って、如何に組織の仲間をその気にさせるか。そのプロを指す言葉ではないだろうか。かつて存分にアメリカの本場で学んだ「市民」の重要性を、カバさんこと蒲島郁夫熊本県知事は存分に活用して、正に見事な知事の特命代理人《くまモン》を創出し、存分に活用し始めている。それは、単なる経済効果だけではない。市民こそリーダーの「知恵袋」なのである。

今カバさん知事が引っ張る熊本県庁は、やる気一杯の《熱気》に包まれている。「心」も「理」も重要だが、「熱」が無ければ湧きあがらない。今年の夏は何と摂氏四十一度になったところもあり、日本中が暑かったのはその余熱でもあったろうか。

「目覚めよ！熊本」「県民参加で一歩、前へ」「くまもとの夢は実現できる」のマニフェスト三項目を、着実果敢に推進してきたカバさんこと蒲島郁夫熊本県知事が、次の二期目を前にすでに《先読み》すなわちプロアクティブな思考を重ねつつあった。既述の通り、カバさんは平成二十年（二〇〇八年）の知事選で当選しているので、このカバさんの先読み

は、ちょうど二年間すなわち一期目の半分が終わろうとする時だった。

すなわちそれは、平成二十一年（二〇〇九年）の六月末、県議会も終わりに近づいた時だった。

知事公邸に熊本市民を代表するその一人のリーダー格の、石原靖也が今年も行う熊本城を中心とした「みずあかり」の行事について、知事に報告すると同時に、二年後の二〇一一年に開通が予定されている、博多から鹿児島までの九州新幹線の全線開通を前に、その対策の素案を報告するためだった。そこには、やがてカバさんが、副知事に任命することになる愛弟子の小野泰輔も同席していた。

石原靖也は、東光石油というガソリンスタンドなどを経営する、地元の経営オーナーの一人だが、カバさん知事が誕生した時以来、菜保子夫人と共に多大な支援をしてきた人物である。一言でいえば、カバさんの政策や理想に全面的に共感し、草の根の声を組織して支援をしてきたと言える。

先ほどの「みずあかり」行事の話が済むと、その石原が次いでカバさんに新幹線対策の報告をした。石原は、新幹線元年委員会の委員長をしている。これは、九州新幹線全線開

石原靖也・東光石油会長

業を地域活性化につなげるため、県と県内団体が平成十七年に組織した「新幹線くまもと創り推進本部」が新幹線開業時に実施するプロモーションの企画・実施のために平成二十年八月、県内の若手経営者を集めて設置されたものである。これまで、あらゆる角度から草の根の市民の意見や考えを調べてきていた。

「博多から僅か一時間半で終点鹿児島ですから、熊本で降りるお客さんをどう確保するかは、大変なことです。博多から熊本までは、僅か三十分ですから」

福岡や広島辺りまでのお客さんは、熊本が簡単に行ける距離であり便利になるが、もっと遠方の関西方面の乗客は熊本を素通りしないか。それが課題だった。

石原らの新幹線元年委員会の結論は、「くまもとの食と文化でおもてなし」をテーマに民間主導による全県をあげての地域おこしをすることに決定した。これを機に、石原靖也が以前から面識があり、日頃からその感性やアイデアに共感していた、天草出身の小山薫堂を訪ねることになる。当時四十六才、身長一八〇センチの堂々とした体躯。この人は、「うどん熊奴《くまやっこ》」という別名を持つ「料理の鉄人」としても知られている。

二〇〇九年十二月だったが、石原は小山を訪ねて、アドバイザー就任の依頼をし、快諾を得ている。石原とアドバイザーに就いた小山が出したものが、「くまもとサプライズ」

という全県挙げての究極のおもてなし活動を行う運動の投げかけだった。

小山は、仕事仲間の一人である、アート・デザイナーの水野学にロゴ作成を委託する。小山と意気の合った、水野の理解と発想は敏速かつ斬新なものだった。

こうして、小山と水野の共同作戦で、約一か月後超短期間に「ロゴ《くまもとサプライズ》」が完成した。また、そのとき水野がおまけとして作成したのが、なんと後に大ブレイクする「キャラクターデザイン《くまモン》」であった。（二六〇頁の写真参照）

もちろん、そうした過程で、カバさんこと蒲島知事は何も細かい指示は出さない。カバさんが日頃から県の職員に対して言っている既成概念に捉われない考え方、いわゆる「皿を割れ」の考え方が、県の職員のみならず、関係者すべてに伝わり、こうした新しいものが完成していく。これが、真のリーダー、大物リーダーの本物である所以である。

ただし、県民の幸福量の最大化を追求するカバさんは、熊本県が得た「ロゴ」と「キャラクター《くまモン》」の意匠などを、簡単な審査のうえ、誰にでも無償で提供する「楽市楽座」の考えのみ明確に指示した。

それにより、《くまモン》は瞬く間に全国で活躍することになる。

こうして、間違いなくカバさん知事は、《くまモン博士》になった。ハーバードで貰った博士号は、間違いなく世界的な権威がある。だが、ホーセンさんが名づける《くまモン博士号》は、未だこの本だけだの話だが、多分段々に著名になって、ハーバードからの称号と同様に、世界的な権威の在る博士号にジャンプしてもらいたいと思う。そういうサプライズを、心から期待している。

さてそのカバさん、新幹線開通の危機感から生まれたキャラクター「くまモン」が、カバさん自身の戦略通りに運びだしてきたのを確認した上で、県庁の組織を確実にかつ百二十％以上活用するため、具体的な人事として、「《くまモン》を営業部長に任命する」という辞令を出した。

2・《くまモン》の人気が生まれた、三つの根本要因

熊本県庁チームくまモン著「くまモンの秘密――地方公務員集団が起こしたサプライズ」（幻冬舎新書）という本がある。初版は二〇一三年三月十二日。

ホーセンさんの手元に在るのは、この七月上旬に博多の丸善で求めたものだが、第三版となっている。すでに、ベストセラーであり数万部は売れていることだろう。

面白いのは、この本の「おく付け」に書いてある、この本の著者「熊本県チームくまモ

ン」の横顔紹介記事である。

九州新幹線全線開業に向け県内外で《くまもとサプライズキャラクターくまモン》を主役に熊本のPRを展開した。県庁の複数の課にまたがる部隊。

平成二十三年蒲島賞グランプリ受賞。

現在くまモンを専門で担当するくまもとブランド推進課は、雑誌「日経ビジネス」(平成二十四年十月二十二日号)で「奇跡を起こすすごい組織一〇〇」に選ばれました。

ホーセンさんは、「熊本県チームくまモン」という著者が書いたこの本を、何度も読んでみた。

今や全国的に有名になった「くまモン」が、本物であることは間違いないと思うのである。それは、この本の著者が書いている通り、あらゆる神出鬼没のサプライズを展開し、数々の努力の結果であるという事実。そのことと、ホーセンさん自身のいつも背広の襟に付けている《くまモンバッジ》を見て、多く見知らぬ人から「あっ、くまモンですね」と声を掛けられること、その双方から判断して、実感していることである。

この本の中身は、みなさんが是非読んでいただきたい。

重要なことは、何故ここまで「ゆるキャラ」の《くまモン》が、著名になることが出来たのかという点である。

ホーセンさんは、少なくとの三つの要素が在ると思っている。その三つとは、政治政策の《信念》すなわち「軸足」、《技能》すなわち「制作力」、そして《気力》すなわち「行動熱」である。

第一は、何といってもカバさんこと蒲島郁夫熊本県知事の、組織全体を動かし、県民を「政治活動に参加させる」というのが、本当のリーダーの役割であり使命だという信念であろう。この軸足が、透徹していることである。すなわち政治の王道が見えてくる。

ちなみにカバさんが三十四年前（一九七九年）にハーバード大学から贈られたポリティカル・エコノミーの博士号の論文は「経済成長下の政治参加と平等」であった。

カバさんは、自分が極めて政治活動についての理念を着実に進める中で、正に素晴らしい「熊本を売り出す」ための、素晴らしい有効なツールとしての「くまモン」というキャラクターを発見出来たということである。

第二は、新幹線が齎す近い将来の危機意識を、チャンスに塗り替えようとする、一種のハングリーな勝負。そこから生まれた「ロゴ」と「キャラクター」、の素晴らしさである。やはり、地元の市民力と芸術家が生み出した技能であり、砂らしい「制作物」を生み出したということである。

ロゴに在るように、正に「サプライズ」である。カバさんの知恵と、市民を代表した石原靖也の若手の地元芸術家の発見、それと委託された小山薫堂と実質デザイナー、水野学の息の合った制作活動の成果である。

第三は、カバさんの夢を実現してやろうとする、熊本県庁全部を巻き込んだ職員全員の参加意識である。それが、自動的に「くまモンチーム」を生み出したのである。全員参加の気力と行動熱が生まれたのである。

これも、単純ではない。一期目知事にカバさんが当選した時からの、県民のために身を捨てた実行力、すなわち目標の政治が、全職員を動かす原動力となって、徐々にかく急速に「熱気」が高まって行ったということであろう。

くまモンの生みの親小山薫堂(左)と小野学の両氏

3・くまモンと県民総幸福量の最大化

すでに述べてきたように、カバさんには①決断の政治②目標の政治③対応の政治④信頼の政治――の四つの政治政策の理念がある。

①決断の政治

一期目カバさんに求められているものは決断の政治ではなかっただろうか。自らの給料を百万円カットした財政再建への挑戦に始まり、川辺川ダム問題、水俣病問題、荒瀬ダム、路木ダム、五木ダム、公共関与型最終処分場、熊本市の政令市推進、県庁の経理文化改革、建設業の構造改革の少なくとも十の難しい問題について決断したと述べている。

一つ一つの決断には、必ず三十％くらいは不満を持つ人たちがいるので、高い支持を保ちながら決断を続けるのは、実に難しいことである。

②目標の政治

カバさんこと熊本県知事蒲島郁夫は、県下で行った「内外情勢調査会」の講演「県民の総幸福量の最大化に向けて」の中で、次のような方程式を示している。

《県民の総幸福量の最大化》

Y＝f（E，P，S，H）・・・・式①

Y　県民の総幸福量

E　Economy（経済的豊かさ）

P　Pride（品格と誇り）

S　Security（安全安心）

H　Hope（夢）

この式①は、県民の幸福量が経済的豊かさ、品格と誇り、安全安心、夢の四つの要因で成り立っていることを示している。

この基本公式の中で、どのような政策を考えるかが重要である。

この方程式に新しい政策（K）を加えたのが式②である。

《全微分による要因分析》

Y＝f（E，P，S，H，K）・・・・式②

（注）Kは「蒲島」or「くまもん」or「政策」

この政策（K）が幸福量に大きな影響を与えるためには、（K）の直接効果が大きいだけでなく、（E）（P）（S）（H）を通して幸福量に貢献することが重要である。

くまモンの場合を考えてみよう。

くまモンという政策によって、莫大な経済効果（二〇一二年の関連商品の売り上げは少なくとも二百九十三億円）があった。莫大な経済効果だけではなく、県民の誇りにも繋がり、子どもたちの夢や希望にも関わっている。また、福祉施設や老人施設をくまモンが訪問することによって、お年寄りの方々の安心と癒しにも繋がっている。

それよりも、くまモン自身の存在が直接県民の幸福量を大きく向上させているのである。

実に論理的な組み立てであると、ホーセンさんは感心している。

九州新幹線全線開業というチャンスを何としても「県民の幸福量の最大化」に結び付けなければという「目標の政治」によって、生み落としたのが《ゆるキャラ「くまモン」》である。

今や「くまモン」は数ある「ゆるキャラ」を押しのけて、全国一のブランド力を発揮している。そして、遂に海外へのカバさん知事の外交交流活動にも貢献しだした。すでに昨年は中国に旅しているが、今年半ばにはヨーロッパ大陸に現れた。パリとロンドンの物産展に現れ、経済外交の役割に重要な貢献をし、熊本というよりも日本の「九州」ブランドとしての力量を発揮している。

③対応の政治

突然に発生する政治の現場に、リーダーの政治家が逃げずに、決断していく。

この対応の政治力をカバさんは、強調している。最初に挙げた「決断の政治」にも当然繋がる話であるが、むしろここではカバさんは《スピード》と《トップの責務》を強調している。

事例として挙げているのが、平成二十二年（二〇一〇年）に発生した「宮崎県の口蹄疫」へのカバさんの取り組みを挙げている。

カバさんは、ネブラスカ大学で学んだ畜産学、特に牛や豚の口蹄疫のものすごさを、学生時代に肌身で経験してきているというラッキーな面が、この場合実力を発揮した。とにかく「防疫対策」が、最も重要である。緊急性が在るということで、自ら対策本部長になり指揮をとった。警察を動かし、緊急に宮崎県から熊本県に繋がる全ての道路に穴を掘るなどして、消毒液を流し込み、全ての車両を消毒。一切ウイルスが這入ってこないように処置をした。警察を動かしたことで、緊急かつ速やかに作業が出来たという。こうして、熊本県を、完全に口蹄疫から守った。

対応の政治の重要性を、具体的な事例で説明している。

④信頼の政治

カバさんは、県民（市民）が今最も、地域のリーダーに期待しているのは、信頼の政治だという。

カバさんは、県民の負担に直結する、県の財政の赤字を減らすことが、最も重要な信頼の政治だと考え、知事の給料（月給）を百万円カットした。マニフェストで、約束したことは必ず実行すること。それが、信頼の政治だと述べている。

逆に言えば、遣れないこと、出来ないことは言わないこと。これもまた、重要な信頼の政治だ。

県境の道路で口蹄疫対策を実施

カバさんはまた、市民が求めるものを「先読み（プロアクティブ）しながら、果断に判断して進めて来た。例えば、熊本市の政令都市化である。今までの例だと、県知事は自分の権限が侵されかねない「政令都市」に県庁所在地がなることに、反対というのが常識である。

ところが、カバさんは逆に、マニフェストでその促進を謳って、支援してきた。今結果、昨年熊本市は全国で八番目の最後の政令都市になった。

これも、カバさん知事ならではの、判断である。

何故なら、カバさんはその先を睨んでいる。熊本市を《将来の九州の州都にする》ということを、マニフェストに謳った。

実に、見事な戦略ではないだろうか。県民だけでなく、九州全体の市民を最大幸福に持っていくという、大きな構えが在る。

この時、さらに実力をつけ、世界中に名前を登録しつつある営業部長の《くまモン》が、一層チームくまモンの作戦を踏まえて、ブランド力を一層発揮していくものと期待している。

あとがき

情報のスピードは速い。ひょっとすると、カバさんこと蒲島郁夫熊本県知事が、正式に辞令を出して任命した《くまモン》が、クールジャパンを塗り替えるかも知れない状況である。

ホーセンさんは、四年半ほど前すなわち、平成二十一年六月に「蒲島郁夫の思い——世界一の熊本へ」という本を書いている。しかし、見えない何かが突然出て来そうな予感はあったがこの時ロゴの「サプライズ」と「くまモン」という大変なものが生まれるとは、全く予想していなかった。

要するに、前に書いた本は、カバさんが知事になってちょうど一年を経過した時点であったので、熊本の歴史に照らしたカバさん知事の紹介が中心だった。熊本の歴史を随分と調べた記憶が在る。それに、今から四百六年前肥後の国五十万石を治め、歴史に残る名城「熊本城」を、七年（十二年という説もある）の歳月を費やして築いたのは、加藤清正である。その清正と蒲島郁夫を対比して述べた記憶が在る。清正も、農業土木改革や河川工事など、住民の安寧のためにかなりの実績を残していた。

だが、今回改めて蒲島知事の業績を踏まえて、この人の物語を扱ってみて感じるのは、未だ知事に就任して僅か五年程度なのに、その業績のすごさである。

もちろん、知事になる前の政治学者としての業績は、三十年間以上に亘るので大変なものが在る。その証拠に彼は、今でも世界政治学会の副会長や日本選挙学会の理事長などを務めている。

しかし、本人が述べているように学者は、自分のペースと考えで、勝手に行動できるが、政治家は全て国民ないし住民（市民）のために働く義務と責任がある。その違いには雲泥の差がある。それが、リーダーの務めであるという。その内容は、本文に書いた通りなので省略するが、知事という政治家になって四年後二期目の選挙で、五十万票の大差で信任されたことが、これまでの彼の業績のすごさを物語っているといえよう。

何といっても蒲島知事の政治手法は、「決断の政治」「目標の政治」「対応の政治」「信頼の政治」という四本柱を自らの政治の信条としていると述べ、県民に示したマニフェストを忠実に実践実行していることである。しかし、その実行力の主題は、彼の天才的な決断力である。その決断力は、危機に備えるために先読みし、組織全体をその気にさせ燃え上がらせる能力である。英語では、先を見通して行動することを「プロアクティブ（Ｐｒｏ ｃｔｉｖｅ）」というが、これこそ本編の第二部を読んでいただければ、ご理解いただけるが、この人の持って生まれた人生の環境を、懸命に厳しく駆け抜ける中で磨き挙げて来た、特殊技能と言ってよいだろう。

それが、奇しくも九州新幹線の全線開業を前に、すでに前から「先読み」して、サプライズ作戦に火を付け、県民のアイデアと県庁職員の組織活動を起こしたのだから凄いというべきだろう。

《くまモン》は、カバさん知事の「目標の政治」を基本に、こうした背景で誕生したのである。だから、光るはずである。光るというより、相手に熱気を伝え幸福を植え付ける。よって、ホーセンさんはこの本の作家という特権を利用して、かばさん知事に「くまモン博士」の称号を贈りたいと思う。

冒頭の前書きに述べたように、カバさんは未だ華の人生行路の途中を懸命に上っておられる。県民よりももっと広く、九州全体のブランドにしようという意見さえ出ているように、カバさん知事のこれからの一層の活躍が、くまモンに乗り移ってさらに進化し、熊本はもちろん九州の人たちの最大幸福が、達成されていくことを心から期待している。

冒頭に述べたが、原稿を書き終えた本日（二〇一三年八月十七日）の読売新聞朝刊（九州山口版）に、《Ｋｕｍａｍｏｎ世界に進出↓クールジャパンの主役へ》）、という記事が大きく踊っていた。

イギリスの新聞も絶賛、《くまのプーさんに匹敵》というのである。ひょっとすると、この本が出版予定の二か月後（十月下旬）の状況に、今から夢を膨らませれば、びっくりするような、例えば総理大臣から国民栄誉賞のようなものを貰っているかも知れない。夢は、どんどん膨らんでいく。カバさんの、くまモン博士号は、間違いないだろう。

カバさん知事も参加したことのある明徳研究会のメンバー一同

正興電機製作所経営諮問委員会のメンバー

この本の作成に当たっては、この一年半以上にわたって蒲島知事を主人公に、連載してきた財界誌の「著名的無名人」がベースになっている。材料を提供してくださった蒲島郁夫知事ご自身はじめ、熊本県庁の知事公室などご関係の方々にたいへんお世話になった。また、何時ものように、ホーセンさんの支援部隊明徳研究会および正興電機製作所の幹部のみなさまと特に、明徳研究会事務局の手塚麻里子さんや山口みどりさん（正興電機秘書）をはじめ多くの会社等の秘書の方々を含めて感謝を申し上げる。同時に、出版社財界研究所の村田博文社長、大浦秀和記者、畑山崇浩編集委員、それに私の事務所の廣田順子秘書には、それぞれ原稿の整理や写真の整理、それに関係方面との連絡など、大変忙しく手伝って貰った。併せて、心からのお礼を申し上げる。なお、文中すべて敬称を略したことを申し上げご了承頂きたい。

最後になったが、二七三頁の写真について説明しておきたい。本文中に殆ど触れなかったが、カバさん知事の誕生のさい以来、さらなる活躍に大いに貢献している方々がいる。残念ながら、全部の方々ではもちろんないが、ホーセンさんの手元にあった写真を本書に納め、カバさんとも相談して感謝のしるしとさせていただくことにする。

二〇一三年八月吉日

永野芳宣

上段左から小林良彰・慶應義塾大学教授、末吉紀雄・コカ・コーラ・ウェスト会長、長尾亜雄・西日本鉄道相談役、鎌田迪貞・九州電力相談役。中段左か長谷川裕一・はせがわ会長、佐竹誠・海外電力調査会会長、亀崎英敏・ＡＰＥＣ日本ビジネス委員、眞部利応ＱＴ net 会長、松本茂彦氏。下段左から三枝稔・ブロードリング最高顧問、山本駿一・昭和鉄工会長、榎本一彦・福岡地所会長、中嶋憲正・山鹿市長

【著者紹介】

永野芳宣(ながのよしのぶ)1931年生まれ。福岡県久留米市合川出身。都立千歳高校、横浜市立大学商学部卒。東京電力常任監査役、特別顧問、日本エネルギー経済研究所研究顧問、政策科学研究所長・副理事長、九州電力エグゼクティブアドバイザーなどを経て現在、福岡大学研究推進部客員教授。他にイワキ特別顧問、正興電機製作所経営諮問委員、立山科学グループ特別顧問、ジット顧問、TM研究会事務局長、福岡大学「新殖産興業イノベーション研究・九州プロジェクト」講座代表研究員、九州経済連合会会員などを務める。

■主な著者

『小泉純一郎と原敬』(中公新書)、『外圧に抗した男』(角川書店)、『小説・古河市兵衛』(中央公論新社)、『「明徳」経営論 社長のリーダーシップと倫理学』(同)、『物語ジョサイア・コンドル』(同)、『日本型グループ経営』(ダイヤモンド社)、『日本の著名的無名人Ⅰ～Ⅴ』(財界研究所)、『蒲島郁夫の思い』、『目指せ、日本一だ』(同)、『3・11《なゐ》にめげず』(同)、『クリーンエネルギー国家の戦略的構築』(同、南部鶴彦、合田忠弘、土屋直知との共著)、『ミニ株式会社が日本を変える』(産経新聞出版)、『発送電分離は日本国家の心臓破壊』(財界研究所)ほか、論文多数。

くまモン博士、カバさん
―蒲島郁夫、華の半生―

2013年10月31日　第1版第1刷発行

著　者　永野芳宣

発行者　村田博文

発行者　株式会社財界研究所

[住所] 〒100-0014　東京都千代田区永田町2-14-3赤坂東急ビル11階

[電話] 03-3581-6771

[ファックス] 03-3581-6777

[URL] http://www.zaikai.jp/

印刷・製本　図書印刷株式会社

ISBN 978-4-87932-096-4